广西壮族自治区"十四五"职业教育规划教材

认识新能源汽车

主　编　黄影航　　李明海　　黄亦文
主　审　彭朝晖　　刘学军　　车小平

电子工业出版社·

Publishing House of Electronics Industry

北京·BEIJING

内 容 简 介

本书以认识新能源汽车知识为核心，以岗位实际工作任务为引领，以产教融合为基础，设计了认识高压安全与防护、新能源汽车概述、新能源汽车常规系统认知、新能源汽车动力电池与驱动电机认知等 4 个学习项目，共 10 个学习任务，并为每一个学习任务配套开发了教学设计、教学课件、实训指导书、工作页、微课、试题库等教学资源，方便职业院校进行一体化教学，让学生更好地掌握新能源汽车的相关知识。

本书可作为职业院校新能源汽车检测与维修、汽车维修等相关专业的教学用书，也可作为汽车维修企业内部培训用书，以及汽车维修技术人员和汽车 4S 店工作人员的参考用书。

图书在版编目（CIP）数据

认识新能源汽车 / 黄影航，李明海，黄亦文主编. —北京：电子工业出版社，2023.6（2025.8 重印）

ISBN 978-7-121-45785-2

Ⅰ. ①认… Ⅱ. ①黄… ②李… ③黄… Ⅲ. ①新能源－汽车 Ⅳ. ①U469.7

中国国家版本馆 CIP 数据核字(2023)第 111481 号

责任编辑： 张　豪
印　　刷： 中国电影出版社印刷厂
装　　订： 中国电影出版社印刷厂
出版发行： 电子工业出版社
　　　　　 北京市海淀区万寿路 173 信箱　邮编：100036
开　　本： 787×1092　1/16　印张：6.5　字数：158 千字
版　　次： 2023 年 6 月第 1 版
印　　次： 2025 年 8 月第 4 次印刷
定　　价： 32.00 元

凡所购买电子工业出版社图书有缺损问题，请向购买书店调换。若书店售缺，请与本社发行部联系，联系及邮购电话：（010）88254888，88258888。

质量投诉请发邮件至 zlts@phei.com.cn，盗版侵权举报请发邮件至 dbqq@phei.com.cn。

本书咨询联系方式：qiyuqin@phei.com.cn。

《认识新能源汽车》编委会

前　　言

　　时光荏苒，自2005年国务院颁布《关于大力发展职业教育的决定》以来，我国的职业教育得到了快速发展。为了进一步深化教育教学改革，根据汽车行业企业岗位需要，不断更新教学内容，改进教学方法，编者有幸在车小平主任（广西物资学校机电工程系原主任）的带领下，奔赴广东等发达省份，寻求汽车专业提升教学质量之"妙方"，当时取回的"真经"便是"理实一体化教学"。

　　多年来，编者团队坚持对汽车专业"理实一体化教学"的探索、研究和实践，不断更新教学内容和方法，出版了中职汽车专业理实一体化系列教材。"理实一体化教学"改革于2014年获得了国家职业教育教学改革二等奖。随着教学改革的不断发展，专业课程思政、三全育人、评价考核、信息技术等要素不断融入课堂；同时，新能源汽车专业的新岗位、新技术、新知识不断发展，也为汽车专业"理实一体化教学"提出了新的要求与挑战。根据新能源汽车行业的发展，结合职业院校教学特点，学校机电工程系教师开发出一系列教材、工作页以及配套的教学资源。

　　本书以认识新能源汽车知识为核心，以岗位实际工作任务为引领，以产教融合为基础，设计了认识高压安全与防护、新能源汽车概述、新能源汽车常规系统认知、新能源汽车动力电池与驱动电机认知等4个学习项目，共10个学习任务，并为每一个学习任务配套开发了教学设计、教学课件、实训指导书、工作页、微课、试题库等教学资源，方便职业院校进行一体化教学，让学生更好地掌握新能源汽车的相关知识。

　　本书注重实用性，体现先进性，保证科学性，突出实践性，贯穿可操作性，反映了新能源汽车领域的新知识、新技术和新方向。全书文字简洁、通俗易懂、图文并茂、形象直观、内容系统、实例丰富、教学资源多样，容易培养学生的学习兴趣，能提高学生学习的效果；书中充分体现了以学生为主的教学理念，注重理论和实践相结合，体现了教育贴近实际工作的理念。

　　本书可作为职业院校新能源汽车检测与维修、汽车维修等相关专业的教学用书，也可作为汽车维修企业内部培训用书，以及汽车维修技术人员和汽车4S店工作人员的参考用书。

　　在编写本书的过程中，参考了大量的国内外相关著作和文献资料，不仅得到了彭朝晖教授、刘学军教授、车小平主任、莫军教授等一批专家的指导与帮助，还得到了上海景格科技股份有限公司、蜂巢传动系统（江苏）有限公司、长城汽车泰州分公司、深圳博天教育科技有限公司、北京物研科技有限公司等企业的大力支持与帮助，在此向有关作者、企业表示真诚的感谢。同时，本书也得到了GXZC2021-J1-000926-GXZL项目、新能源汽车智能虚拟仿真实训基地建设项目的支持。

　　由于编者水平有限，编写时间仓促，书中难免存在不当之处，敬请广大读者及专家批评指正。

编　者
2023 年 5 月

目 录

项目一　认识高压安全与防护

任务1　安全电压与急救

一、任务导入

你作为新能源汽车专业的学生，在刚进入工作岗位实习时，突然遇到了一位同事因违规操作导致了触电，此时你应该如何及时去帮助他呢？

二、任务目标

知识目标：

- 能够描述高电压对人体伤害的基本理论。
- 能够描述人体触电的基本形式。
- 能够描述触电后急救的基本理论与方法。

技能目标：

- 能够正确、及时执行触电事故的处理与急救。

生命至上

素质目标：

- 通过制订工作计划，培养学生的自主能力及团队协作意识。
- 通过工学结合的方式，让学生提前适应工作岗位，避免今后在工作中发生安全事故，培养学生的安全意识。
- 通过规范完成触电急救任务，培养学生的动手操作能力，进而让学生树立生命至上的理念。

三、知识链接

1. 高电压与人体伤害

新能源汽车有高电压，会对人体产生伤害，无论是研发、生产，还是售后技术人员，如果没有正确认识新能源汽车具有的高电压风险，或者没有正确做好在高电压工作区域的防护，都可能会受到严重的高电压伤害。

1）人体安全电压

在通常情况下，当人体接触到25V以上的交流电，或60V以上的直流电时，人体就有可能发生触电事故。人体的触电并不是指人体接触到了很高的电压，而是因为过高的电压通过人体这个电阻后会在人体中形成电流，从而导致人体受到伤害。因此，伤害人体的不是电压，而是电流。

在电网中，一直认为36V为人体安全电压的上限，实际上在高电压的新能源汽车中这个电压值并不是科学的，主要原因有两点，一是人体的电阻会存在个体的差异性。例如，胖的和瘦的，男的和女的，其电阻值都不会一样，如图1-1-1所示。二是人体所处的工作环境也会导致差异化。

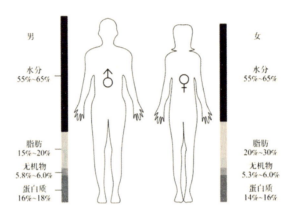

图 1-1-1　男女个体差异

当电压高到一定值以后，会有相应的电流通过人体，如图1-1-2所示。当大约有5mA的电流通过人体时，就可视作"电气事故"，人体就会产生麻木感。当人体内通过的电流达到大约10mA时，此时就达到了导出电流的极限，人体开始收缩，无法再导出电流，电流的滞留时间也相应增加。当人体内通过的电流达到30～75mA时，会导致呼吸停顿，经过人体的电流达到大约80mA时，被认为是"致命值"，从下图可以看出，几毫安的电流就足以对人体造成伤害。

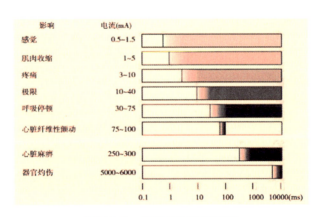

图 1-1-2　电流对人体的影响

此外，需要注意的是，人体之所以能导电，主要的原因是血液中含有电解液成分，电解液成分导致了导电性，而人体的皮肤、肌肉也具有一定的导电能力。对于大多数人来说，整个身体的总电阻值是很低的，特别是有主动脉的地方（胸腔部位和躯干），而最大的危险发生在电流通过人体心脏时引起的心室颤动。

2）高电压对人体的伤害形式

能够最终对人体产生伤害的是电流，电流对人体的伤害有三种形式：电击、电伤和电磁场伤害。

（1）电击是指电流通过人体，破坏人的心脏、肺部及神经系统的正常功能。

（2）电伤是指电流的热效应、化学效应和机械效应对人体的伤害，主要指电弧烧伤、熔化金属溅出烫伤等。

（3）电磁场伤害是指在高频磁场的作用下，人会出现头晕、乏力、记忆力减退、失眠、多梦等神经系统的症状。

一般认为，电流通过人体的心脏、肺部和中枢神经系统的危险性较大，特别是电流通过心脏时的危险性最大，所以从手到脚的电流途径最为危险，因为沿该条途径有较多的电流通过心脏、肺部等重要器官，其次危险的是从一只手到另一只手的电流途径，如图1-1-3所示。

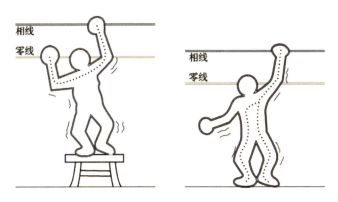

图 1-1-3　危险的电流途径

此外，触电还容易因剧烈痉挛而摔倒，导致电流通过全身并造成摔伤、坠落等二次事故，危险的触电形式如图1-1-4所示。

在通常情况下，产生最多伤害的是电击事故，其主要类型包括以下几种。

（1）电击效应：当电流低于导通限值时，会有相应的电击反应，从而容易因肢体不受控制和失去平衡而导致受伤。当心触电标识如图1-1-5所示。

（2）热效应：电流导入导出点处会发生烧伤和焦化，也会发生内部烧伤，这会导致肾脏负荷过大，甚至造成致命的伤害。

（3）化学效应：血液和细胞液成为电解液并被电解，这会发生严重的中毒，且中毒情况在几天后才能被发现，导致就医不及时，因此伤害极大。

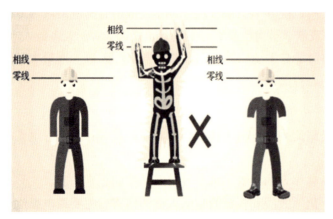

图 1-1-4　危险的触电形式

图 1-1-5　当心触电标识

（4）肌肉刺激效应：所有的身体功能和人体肌肉运动都是由大脑通过神经系统的电刺激来控制的。如果通过人体的电流过高，肌肉开始抽搐，那么大脑再也无法控制肌肉组织，可能会产生如下后果：握紧的拳头再也无法打开或移动；如果电流经过了胸腔，则肺部会产生痉挛（呼吸停止），心脏的跳动节奏会被中断（心室纤维性颤动，无法进行心脏的收缩扩张运动）。

（5）发生静态短路的热效应：工具急剧发热，导致材料熔化，从而可能发生烧伤事故。

（6）由于短路引起火花，金属很快熔化，产生飞溅的火花，飞溅出来的金属颗粒温度超过5000℃，可能引起烧伤并且对眼睛造成严重伤害。

（7）带电高压线路接通和断开时所产生的弧光，可能会造成电光性眼炎。

3）交流与直流的触电伤害

交流电压与直流电压都会对人体产生伤害，但是交流电压对人体伤害的阈值却只有直流的50%。交流电压在人体内产生交流电，会触发肌肉组织和心室产生颤动。交流电压的频率越低，危险性越高，交流电会触发心室纤维性颤动，若不进行急救很快就会致命。交流电与直流电的形式如图1-1-6所示。

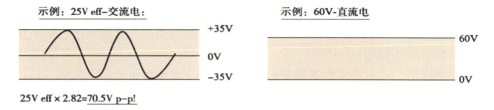

图 1-1-6　交流电与直流电的形式

在通常情况下，高压系统中的三相电动机由三相交流电压驱动，三相电动机的输出功率和转速由电压大小和频率控制，因为三相电动机处于运转状态，所以引发的电气事故相当危险。

如果规格中注明了交流电压，则该电压指的是行业内通用的有效电压，但是实际接触电压会高得多，这取决于交流电压的波形（正弦或矩形）。

4）人体触电方式

人体触电的前提是人体与触电源之间形成了回路，有电流流经人体后才会导致触电。新能源汽车的高压系统与车身之间是隔离的，因此，在图1-1-7所示的这种情况下，人体是不会触电的，原因就在于人体与触电源之间没有形成回路。

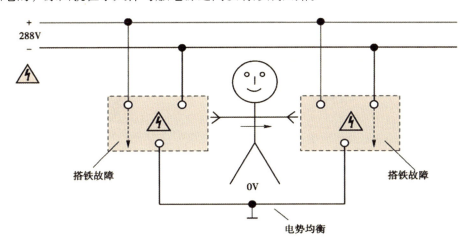

图 1-1-7　非触电情况

但是，当新能源汽车的高压部件发生对车身搭铁故障时，人体在同样的情况下就有可能发生触电事故，如图1-1-8所示。

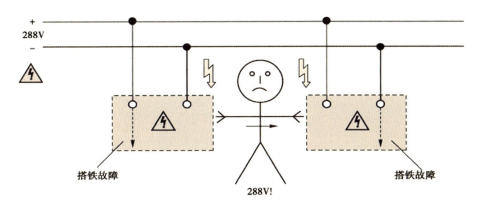

图 1-1-8　触电情况

在实际工作中，维修人员应该避免因为操作不规范导致自己与电压系统形成回路，如图1-1-9所示。其中，图（a）中的两种触电方式是大多数维修人员能够理解和避免的，但是图（b）中的两种间接触电方式却是很容易被维修人员所忽视的。

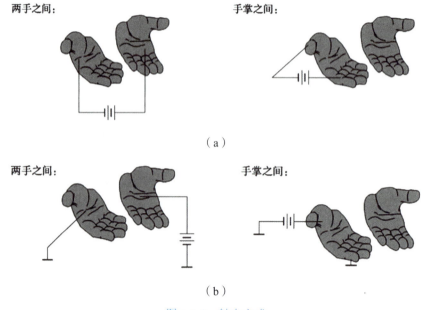

（a）

（b）

图 1-1-9　触电方式

2. 急救处理

在援救触电事故中的受伤人员时，自身的安全是第一位的，绝对不要去触碰仍然与电压有接触的人员。此时，在确保自身安全的情况下，应该尽快将电气系统断电，或用不导电的物体（干木板、干扫帚把等）把触电者或导电体与电压分离，触电急救的基本内容如图1-1-10所示。

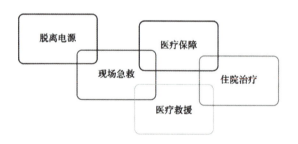

图 1-1-10　触电急救的基本内容

触电急救的基本流程如下。

1）迅速脱离电源

人体触电以后，可能会由于痉挛或失去知觉等原因而紧抓带电体，自己不能摆脱电源，抢救触电者的首要步骤就是使触电者尽快脱离电源，如图1-1-11所示。在新能源汽车中，脱离电源的方法有戴上绝缘手套将触电者脱开或切断高压电源。总之，要因地制宜，灵活运用各种方法，快速切断电源，防止事态扩大。

（1）尽快使触电者脱离电源，如果不知道开关位置，则应用绝缘物体挑开电源线。

（2）使被救者平躺，观察其脉搏和呼吸。

（3）拨打120急救电话。

① 说清楚详细的位置信息（城镇、街道、门牌号等）。

② 简要描述发生了什么，以便急救中心评估采取何种急救措施与设备。

③ 说清楚有多少伤员。

④ 说清楚是何种伤势，首先说明最严重（可能危及生命）的伤势。

⑤ 等待询问。

图 1-1-11　使触电者尽快脱离电源

2）现场急救

当触电者脱离电源后，应根据触电者的具体情况迅速对症救护，力争在触电后1分钟内进行救治。国内外的一些资料表明，在触电后1分钟内进行救治的，90%以上有良好的效果，而超过12分钟再开始救治的，基本无救活的可能性。现场急救的主要方法有口对口人工呼吸法和胸外心脏按压法，严禁打强心针。现场急救流程如图1-1-12所示。

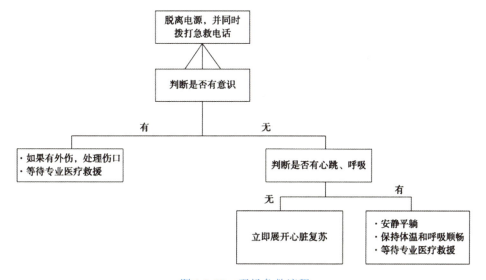

图 1-1-12　现场急救流程

　　口对口人工呼吸法，是用人工的方法来代替肺的呼吸活动，使空气有节律地进入和排出肺脏，供给体内足够的氧气，充分排出二氧化碳，维持正常的通气功能，如图1-1-13所示。

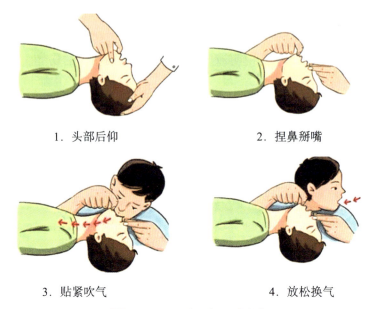

1. 头部后仰　　　　　　　　　　　2. 捏鼻掰嘴

3. 贴紧吹气　　　　　　　　　　　4. 放松换气

图 1-1-13　口对口人工呼吸法

　　（1）当触电者无呼吸但有心跳时，应进行口对口人工呼吸。首先让触电者平躺，即胸腹朝天，然后检查口腔内是否有异物，确保呼吸通畅。

　　（2）解开触电者的衣领、腰带等。

　　（3）一手捏住触电者的鼻子，一手托住触电者的下巴，深吸一口气，口对口，用力吹气。

　　（4）吹完后，施救者的嘴离开，吸气，再对触电者进行吹气。频率为成人14～16次/分钟，儿童20次/分钟。

　　胸外心脏按压法，是指有节律地对心脏进行按压，用人工的方法代替心脏的自然收缩，使心脏恢复搏动功能，维持血液循环，如图1-1-14所示。如果触电者已经没有心跳，或者人工呼吸进行一分钟后还是没有心跳，则需进行胸外心脏按压。

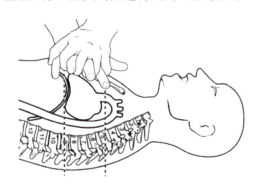

图 1-1-14　胸外心脏按压法

（1）施救者先要找到按压的部位。沿着触电者最下缘的两侧肋骨从下往身体中间摸到交接点，即剑突，以剑突为点向上在胸骨上定出两横指的位置，也就是胸骨的中下三分之一交界处，这里就是按压的实施点。

（2）施救者以一手叠放于另一手手背，十指交叉，将掌根部置于刚才找到的位置上，依靠上半身的力量垂直向下压，胸骨的下陷距离约为4～5厘米，双手臂必须伸直，不能弯曲，压下后迅速抬起，按压频率控制在成人80～100次/分钟，儿童30～40次/分钟。每按压20次，做1次人工呼吸。

（3）注意事项：必须控制力道，不可太过用劲，因为力道太大容易引起肋骨骨折，从而造成肋骨刺破心肺肝脾等重要脏器。尤其是老年人骨质疏松，更要加倍小心。

3）触电急救方法

触电者一般有以下4种症状，可根据不同的症状分别给予正确的救治。

（1）神志尚清醒，但心慌力乏、四肢麻木。对该类触电者，一般只需将其扶到清凉通风的地方休息，让其自然慢慢恢复即可。但要派专人照料护理，因为有的触电者在几小时后会发生病变甚至突然死亡。

（2）有心跳，但呼吸停止或极微弱。对该类触电者应该采用口对口人工呼吸法进行急救，人工呼吸法可按该口诀（清理口腔防堵塞，鼻孔朝天头后仰；贴嘴吹气胸扩张，放开口鼻换气畅）进行，频率约为每分钟12次。

（3）有呼吸，但心跳停止或极微弱。对该类触电者应该采用胸外心脏按压法来恢复触电者的心跳，频率为每分钟60～80次。

（4）心跳、呼吸均已停止。该类触电者的危险性最大，抢救的难度也最大，应该配合使用口对口人工呼吸法和胸外心脏按压法，即采用"人工氧合"的方法，最好是两人一起抢救，如果仅有一人抢救时，则应先吹气2～3次，再按压心脏15次，如此反复交替进行。

当发生电池事故时，应该按以下要求进行处理。

（1）如果发生了皮肤接触，则应该用大量清水进行冲洗。

（2）如果吸入了有害气体，则应该马上呼吸大量新鲜空气。

（3）如果接触到了眼睛，则应该用大量清水进行冲洗（至少10分钟）。

（4）如果吞咽了蓄电池内容物，则应该喝大量清水，并且避免呕吐，及时到医院就医。

练习题

1. 填空题

（1）当人体接触到25V以上的_____，或60V以上的_____时，人体就有可能发生触电事故。

（2）环境越潮湿，人体的电阻就会_____。

（3）目前国际上对安全电压通行的认识是直流_____以下，交流_____以下。

（4）电流对人体的伤害有三种形式：电击、电伤和_____伤害。

（5）维修人员在实际工作中，应该避免因为操作不规范导致自己与电压系统形成_____。

（6）现场急救的主要方法有口对口_____和_____。

2．判断题

（1）人体的触电是指人体接触到了很高的电压。（　　）

（2）能够最终对人体产生伤害的是电流。（　　）

（3）交流电压的频率越低，危险性越低。（　　）

（4）新能源汽车的高压系统与车身之间是隔离的。（　　）

（5）在援救触电事故中的受伤人员时，应尽可能马上将电气系统断电。（　　）

（6）在现场急救时，如果病人心脏停止跳动，则应立即打强心针。（　　）

3．不定项选择题

（1）在新能源汽车中，人体的安全电压通常是（　　）。

    A．交流 25V 以下   B．直流 60V 以下

    C．交流与直流均 36V 以下   D．直流 12V 以下

（2）通常情况下，当人体的电流超过（　　）时就会产生肌肉颤动。

    A．2mA   B．3mA   C．5mA   D．10mA

（3）电流穿过人体后产生的伤害形式主要有（　　）。

    A．热效应   B．化学效应

    C．电击效应   D．肌肉刺激效应

（4）针对高电压触电的人员，首先应该执行的操作是（　　）。

    A．切断高压电源   B．心肺复苏

    C．拨打 120 急救电话   D．判断触电程度

工作页

任务实施
1．操作规范
（1）车间管理。
新能源汽车的操作车间，除普通车间的安全要求外，还必须放置安全警示标志，避免他人未经允许进入高电压工位而发生危险。
（2）操作人员要求。
新能源汽车的操作人员必须经过规范培训，才能进行操作，并要求持低压电工证上岗。
（3）佩戴个人防护用品。
实训操作前需严格按照规范穿戴安全防护装备，养成安全第一、生命至上的意识。
2．实训准备
（1）实训分组。
分组进行实训，完成"急救处理实践"任务。
（2）工具准备。
无。
（3）设备准备。
模拟假人、模拟电话。
（4）辅助资料。
一次性耗材。

请操作以下项目：

序号	操作项目	操作步骤
1	触电急救	
2	口对口人工呼吸法	
3	胸外心脏按压法	

考核评价					
项目	操作流程	分值	评分标准	扣分	得分
触电急救	当触电发生时，尽快使触电者脱离电源，如果不知道开关位置，则应用绝缘物体挑开电源线	10	技能动作标准10分，一般6分，不规范3分		
	使触电者平躺，观察触电者的脉搏和呼吸	5	技能动作标准5分，一般4分，不规范2分		
	拨打120急救电话： （1）说清楚详细的位置信息（城镇、街道、门牌号等） （2）简要描述发生了什么，以便急救中心评估采取何种急救措施与设备 （3）说清楚有多少伤员 （4）说清楚伤势情况，首先说明最严重（可能危及生命）的伤势 （5）等待询问	5	技能动作标准5分，一般4分，不规范2分		

（续表）

项目	操作流程	分值	评分标准	扣分	得分
考核评价					
口对口人工呼吸法	（1）让触电者平躺，即胸腹朝天，然后检查口腔内是否有异物，确保呼吸通畅	10	技能动作标准10分，一般6分，不规范3分		
	（2）解开触电者的衣领、腰带等				
	（3）一手捏住触电者的鼻子，一手托住触电者的下巴，深吸一口气，口对口，用力吹气	10	技能动作标准10分，一般6分，不规范3分		
	（4）吹完后，施救者的嘴离开，吸气，再次对触电者进行吹气，频率为成人14～16次/分钟，儿童20次/分钟	10	技能动作标准10分，一般6分，不规范3分		
胸外心脏按压法	（1）施救者先要找到按压的部位。沿着触电者最下缘的两侧肋骨从下往身体中间摸到交接点，此处被称为剑突，以剑突为点向上在胸骨上定出两横指的位置，也就是胸骨的中下三分之一交界处，这里就是按压的实施点	10	技能动作标准10分，一般6分，不规范3分		
	（2）施救者以一手叠放于另一手手背，十指交叉，将掌根部置于刚才找到的位置，依靠上半身的力量垂直向下压，胸骨的下陷距离约为4～5厘米，双手臂必须伸直，不能弯曲，压下后迅速抬起，按压频率控制在成人80～100次/分钟，儿童30～40次/分钟。每按压20下，做1次人工呼吸	10	技能动作标准10分，一般6分，不规范3分		
	（3）注意事项：必须控制力道，不可太过用劲，因为力道太大容易引起肋骨骨折，从而造成肋骨刺破心肺肝脾等重要脏器。尤其是老年人骨质疏松，更要加倍小心	10	技能动作标准10分，一般6分，不规范3分		
任务检查	学生任务完成，操作过程规范	10	安全规范操作10分，不安全操作5分		
任务评价	对学生的操作情况进行客观评价	5	熟练操作5分，提示操作3分		
	对学生在任务实施过程的表现进行客观评价	5	态度端正5分，有不文明行为2分		
得分（满分100）					

任务2　安全防护与应急处理

一、任务导入

　　新能源汽车具有高电压，在制造、维护新能源汽车时具有高电压触电的风险。新能源汽车的主要高压部件集中在动力电池组、高压导线、高压电分配单元、用于驱动的逆变器、高压压缩机，以及高压 **PTC** 加热器。如果不做好安全防护，在维护与维修新能源汽车的高压系统或部件时，则有可能会发生触电事故。

　　假如你被安排去维修一辆新能源汽车，在维修车辆前，你的主管要求你做好个人安全防护，你知道应该如何去做吗？

二、任务目标

知识目标：

- 能够描述高电压安全防护的要求。
- 能够描述安全防护的措施与注意事项。
- 能够描述新能源汽车的应急处理方法。

技能目标：

- 能够正确使用安全防护设备。

严谨工作

素质目标：

- 通过制订工作计划，培养学生的自主能力及团队协作意识（行为目标）。
- 通过工学结合的方式，让学生提前适应工作岗位，避免今后在工作中发生安全事故，培养学生的安全意识（行为目标）。
- 通过规范完成应急处理任务，培养学生的动手操作能力，进一步让学生认识到生命是无价的（职业素养目标）。

三、知识链接

1. 安全防护用品

　　在维护新能源汽车的高压系统时，需要采取高电压安全防护措施。虽然现在的混合动力汽车和纯电动汽车都设计了很好的防止意外触电功能，但是一些事故车辆及这些车辆的高压动力电池组始终是存在高电压风险的，如图1-2-1所示。因此，维护人员必须做好被高压电击伤的安全防护。

图 1-2-1　高压部件

防止触电的个人防护设备主要有绝缘手套、护目镜、绝缘安全鞋、非化纤工作服、高压安全帽。

（1）绝缘手套。

用于高压车辆维修的绝缘手套，如图1-2-2所示。绝缘手套通常有两种独立的性能：一是在进行任何有关高压组件或线路的操作时，能够承受1000V以上的工作电压；二是具备抗碱性，当接触来自高压动力电池组的钾氢氧化物等化学物质时，能防止这些物质对人体造成伤害。

预防电击及
事故急救

图 1-2-2　绝缘手套

绝缘手套需要定期检查，而且在每次使用前必须自行检查是否泄漏，检查的方法是向手套内吹入一定量的空气，观察手套是否漏气。

（2）护目镜。

戴上合适的护目镜，以防止电池液的飞溅，如图1-2-3所示。在维修汽车时，所戴的护目镜应该具有侧面防护功能，防止维修过程中产生的电火花对眼睛造成伤害。

护目镜需要定期检查，而且在每次使用前必须自行检查紧固带是否松动、破损，镜面是否清晰、有无磨损及破损。

（3）绝缘安全鞋。

绝缘安全鞋的作用是使人体与地面绝缘，防止电流通过人体与大地之间构成通路，对人体造成电击伤害，把触电时的危险降到最低，因为触电时电流是经接触点通过人体流入地面的，所以电气作业时不仅要戴绝缘手套，还要穿绝缘安全鞋，如图1-2-4所示。绝缘安全鞋根据国家标准进行生产，应具有透气性能好、防静电、耐磨、防滑等功能。

绝缘安全鞋需要定期检查，而且在每次使用前必须自行进行检查，观察绝缘安全鞋的鞋面是否已破损穿孔、鞋底有无开裂或穿孔、是否还具备防滑功能等，防止出现渗液、打滑等风险。

图 1-2-3　护目镜　　　　　　　　　　　　图 1-2-4　绝缘安全鞋

（4）非化纤工作服。

在维修高压系统时，必须穿非化纤工作服，如图1-2-5所示。化纤类的衣服会产生静电，并且在发生火灾事故时，化纤会在高温环境下粘连人体皮肤，会对维修人员造成严重的二次伤害。

非化纤工作服需要定期检查，而且在每次使用前必须自行进行检查，观察是否有破损、开线等现象。

图 1-2-5　非化纤工作服

（5）高压安全帽。

高压安全帽作为一种个人头部防护用品，如图1-2-6所示，能有效防止和减轻操作人员在生产和维修作业中遭受坠落物或自己坠落时对人体头部的伤害，如果佩戴和使用不正确，则会导致安全帽在受到冲击时起不到防护作用。

高压安全帽需要定期检查，而且在每次使用前必须自行进行检查，观察高压安全帽整体是否已破损穿孔、挤压变形，紧固带有无开裂破损，是否还具备防护作用。

安全防护用
具使用

图 1-2-6　高压安全帽

2. 车辆救援

在对高压车辆进行救援时，千万不要因为车辆比较安静就误以为它处于停机状态。当车辆处于"READY"模式时（Y灯亮），纯电动汽车的大部分高压系统处于通电工作状态，而混合动力汽车的发动机会自动启动或停机，所以在检查或维修发动机舱时，记住要先看看"READY"指示灯是否已经熄灭。

（1）用支撑垫块固定车辆轮胎。

（2）切断电源：关闭车辆电气系统，包括辅助乘员保护系统和高压电气系统。按"POWER"按钮并确认"READY"指示灯熄灭。

（3）激活驻车制动器并换到P（停车）挡。

（4）智能钥匙拿到距离车辆10米以外的地方。

（5）找到并断开12V蓄电池系统。12V蓄电池主要带动辅助安全系统、安全气囊、电动车窗、车门锁、触摸屏，以及内部和外部的车灯等。如有需要，在切断12V蓄电池前打开车窗、车门和后备箱，一旦切断12V蓄电池，这些部件的电动功能会失效。

（6）如车辆因交通事故等原因无法正常操作断电时，找到并拔出车辆维修开关，从而断开高压回路，等待5分钟，即等电容充分放电完毕，保证操作人员的安全。

1）牵引车辆

对于新能源汽车的牵引，必须严格遵守制造厂商的要求，否则可能会损坏车辆的三相驱动电机或变速单元。无论是混合动力汽车还是纯电动汽车，正确的牵引方法是，使其全部平放在牵引车辆（平板拖车）上，然后由牵引车辆运输到指定的位置。如果是前轮驱动的车辆，那么也可以采用前轮离地的方式进行车辆的牵引。牵引车辆的方式如图1-2-7所示。

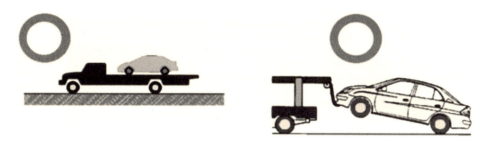

图 1-2-7　牵引车辆的方式

2）跨接启动

无论是纯电动汽车还是混合动力汽车，其全车控制模块的供电都是通过12V蓄电池来完成的。也就是说，在新能源汽车中，除高压动力电池外，所有车辆还会配置12V蓄电池。如图1-2-8所示为丰田普锐斯的12V蓄电池。由于12V蓄电池用来给所有控制模块供电，若没有该电源，控制模块将不能工作，车辆也没法驱动。如果纯电动汽车或混合动力汽车没有启动，则可以利用12V蓄电池跨接启动（按照a、b、c、d的顺序连接跨接电线）。

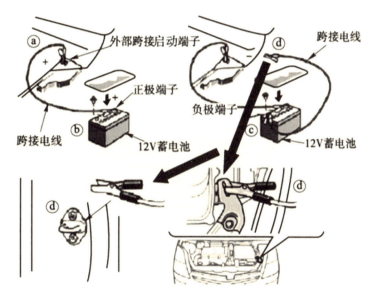

图 1-2-8　跨接启动步骤

3. 火灾

高压动力电池电解液主要由带腐蚀性的化学液体组成，因此在着火后，可以采用大量的水或干粉灭火器灭火，如图1-2-9所示。常规的ABC干粉灭火器，适用于油或电路火灾。如果只是高压动力电池着火，则推荐使用二氧化碳灭火器。在发生大面积或大的火灾时，持续地浇水也同样可以熄灭高压动力电池大火，但是水量是要充足的。如果只是使用少量的水，如只用一桶，则是危险的，实际上将加剧火灾的严重程度。

图 1-2-9　灭火器的使用

4. 泄漏

如图1-2-10所示，当面对有可能是高压动力电池溢出电解液的情况时，应及早穿戴好合适的防护设备，并采用红色石蕊试纸检测溢出液。如果试纸变为蓝色，则溢出的液体需要使用硼酸液进行中和，之后再使用试纸检测中和后的溢出液，确认试纸颜色不改变。中和完毕后，用吸水性强的毛巾或布，吸收事故中溢出的电解液。

图 1-2-10　电池泄漏

练习题

1. 填空题

（1）防止触电的个人防护设备主要是_____、_____、_____、绝缘安全鞋、_____工作服。

（2）绝缘手套检查的方法是向手套内吹入一定量的空气，观察手套是否有_____的风险。

（3）护目镜应该具有_____功能，防止维修过程中产生的_____对眼睛的伤害。

（4）使用绝缘工具可以有效防止意外事故的发生，我国的绝缘工具分为_____类型。

（5）撞车时气囊展开，高压电源会_____。

（6）在牵引新能源汽车时，必须严格遵守制造厂商的要求，否则可能会损坏车辆的_____或变速单元。

2．判断题

（1）新能源汽车的维护、制动部件的更换、轮胎的更换也有高电压风险。（　　）

（2）开展电气作业时不仅要戴绝缘手套，还要穿绝缘安全鞋。（　　）

（3）维修高压系统时，必须穿化纤类的工作服。（　　）

（4）在高电压新能源汽车维修时，要求工具具有Ⅱ类以上的工具类型。（　　）

（5）前轮驱动的车辆，可以采用前轮离地的方式进行车辆的牵引。（　　）

3．不定项选择题

（1）新能源汽车的高压电缆的颜色是（　　）。

    A．蓝色　　　　　　B．红色　　　　　　C．橙色　　　　　　D．黑色

（2）处理高电压车辆常备的安全装备有（　　）。

    A．绝缘手套　　B．防护眼镜　　　　C．电棒　　　　　　D．金属球

（3）高电压车辆着火时，采用的灭火器类型是（　　）。

    A．ABC 干粉灭火器　　　　　　　　B．水雾灭火

    C．二氧化碳灭火器　　　　　　　　D．泡沫灭火器

（4）在开展高电压车辆应急救援时，主要面对的危险有（　　）。

    A．高压　　　　B．腐蚀　　　　　　C．火灾　　　　　　D．噪声

（5）在开展高电压车辆道路救援时，下列操作正确的是（　　）。

    A．可以采用 12V 蓄电池进行跨接启动

    B．前驱车辆可以采用四轮着地拖着走

    C．不允许任何人接近事故车辆

    D．无论什么情况，首先应该解除高压系统

工作页

任务实施
准备工作：教材、辅助资料

1．操作规范

（1）车间管理。

新能源汽车的操作车间，除普通车间的安全要求外，还必须放置安全警示标志，避免他人未经允许进入高电压工位而发生危险。

（2）操作人员要求。

新能源汽车的操作人员必须经过规范培训，才能进行操作，并要求持低压电工证上岗。

（3）佩戴个人防护用品。

实训操作前需严格按照规范穿戴安全防护装备，养成安全第一、生命至上的意识。

（4）操作规范。

新能源汽车操作前要检查车辆状况，操作过程中严格按照规范进行，操作后要进行复检，确保车辆恢复原样，逐步引导学生养成求真务实、严谨细致的操作习惯。

2．实训准备

（1）实训分组。

分组进行实训，完成"新能源汽车应急处理"任务。

（2）工具准备。

绝缘工具套装、绝缘胶带、维修组合工具、万用表。

（3）设备准备。

新能源汽车。

（4）车辆防护用品。

车内三件套、车外三件套、底盘垫块、车轮挡块。

（5）人员防护用品。

绝缘手套、绝缘安全鞋、护目镜、高压安全帽、非化纤工作服。

（6）辅助资料。

新能源汽车维修资料。

请操作以下项目：

序号	操作项目	请填写
1	个人防护设备主要有哪些	
2	新能源汽车的应急处理	

考核评价					
项目	操作流程	分值	评分标准	扣分	得分
个人防护设备	向绝缘手套内吹入一定量的空气，观察手套是否漏气	20	技能动作标准20分，一般15分，不规范8分		
	检查护目镜的紧固带是否松动、破损，镜面是否清晰、有无磨损及破损	20	技能动作标准20分，一般15分，不规范8分		
	检查绝缘安全鞋的鞋面是否已破损穿孔、鞋底有无开裂或穿孔、是否还具备防滑功能	20	技能动作标准20分，一般15分，不规范8分		
	检查非化纤工作服是否存在破损、开线等现象	20	技能动作标准20分，一般15分，不规范8分		
	检查高压安全帽整体是否已破损穿孔、挤压变形，紧固带有无开裂破损，是否还具备防护作用	20	技能动作标准20分，一般15分，不规范8分		
得分（满分100）					

任务3　高压系统中止与检验

一、任务导入

　　假如你被安排去维修一辆新能源纯电动汽车的逆变器，你的主管告诉你，在拆卸高压动力电池组前，必须执行高压系统中止，并完成高压禁用确认后才可以进行维修，这个任务你能完成吗？

二、任务目标

知识目标：

● 能够描述新能源汽车高压部件电压的存在形式。
● 能够描述高压系统中止与检验的操作步骤及注意事项。

技能目标：

● 能够正确执行新能源汽车的高压系统的中止与检验操作。

新能源汽车高压部件认知

素质目标：

● 通过制订工作计划，培养学生的自主能力及团队协作意识（行为目标）。
● 通过工学结合的方式，让学生提前适应工作岗位，避免今后在工作中发生安全事故，培养学生的安全意识（行为目标）。
● 通过规范完成高压系统中止与检验任务，培养学生的动手操作能力，培养学生安全意识的同时，让学生树立生命至上的理念（职业素养目标）。

三、知识链接

1. 新能源汽车的高电压存在形式

　　新能源汽车的高压系统集中在车辆的驱动系统、空调与暖风系统、12V电源系统以及带有插电功能的充电系统。根据高电压存在的时间进行分类，新能源汽车高压系统的高电压主要有三种存在形式：持续存在、运行期间存在、充电期间存在，如图1-3-1所示。

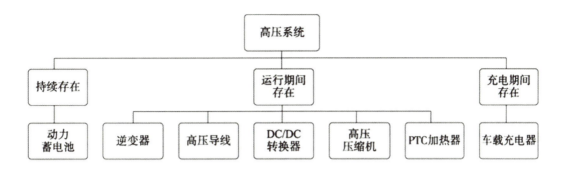

图 1-3-1 高电压的存在形式

1）持续存在

如图1-3-2所示，新能源汽车的动力电池持续存在高电压，即使在车辆停止运行期间，由于动力电池始终存储电能，因此当满足动力电池的放电条件后，该部件将继续对外放电。例如，按下启动开关、开启空调等，所以维修人员在作业前一定要收好遥控钥匙，关好车门，避免同伴误操作导致高压上电引发事故。

高压驱动系统介绍及各工况下动力流动过程

图 1-3-2 动力电池持续存在高电压

2）运行期间存在

运行期间存在高电压的部件，是指当点火开关处于ON、RUN或其他运行状态下时，部件存在高电压，运行期间存在高电压的系统或部件有两种类型：

（1）只要点火开关处于ON、RUN状态下就会存在高电压，如图1-3-3所示，这类部件包括逆变器、DC/DC转换器和连接的高压导线。

动力电池内
部充电原理

图 1-3-3　点火开关处于运行状态

（2）虽然点火开关处于ON位置，但是由于该系统所执行的功能没有被接通，此时相关的部件仍然不会接通高电压，如位于纯电动汽车中的高压压缩机和PTC加热器，该压缩机的特点是一半是涡卷压缩机，另一半是三相高电压驱动的电动机，如图1-3-4所示，在驾驶员没有运行车辆的空调或暖风功能时，这些部件是不会存在高电压的。

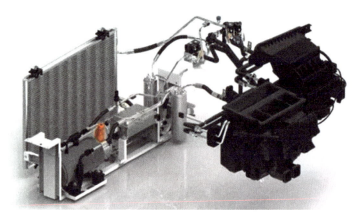

新能源汽车
交流充电

图 1-3-4　空调系统部件

3）充电期间存在

充电期间存在高电压主要指的是插电式混合动力汽车和纯电动汽车，此类车辆的车载充电器以及连接的导线只有在车辆连接外部电网充电期间才会具有高电压，如图1-3-5所示。需要注意的是，有些车辆的车载充电器和动力电池设计有独立的空调式冷却系统。在车辆充电期间，由于动力电池可能产生很高的热量，车载空调会运行以降低动力电池的温度，此时车辆的高压压缩机也会在充电期间运行，因此也存在高电压。

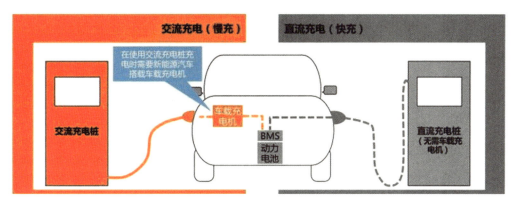

图 1-3-5　车辆连接外部电网充电

2. 手动切断动力电池高压

在动力电池上，按照国家新能源汽车安全标准都会设计一个串联的手动维修开关，用于人工切断整个动力电池的连接回路。当该开关被断开后，整车的高压部件将不再具有高电压，同时动力电池的总输出正负极端口也不再有高电压。需要注意的是，即使手动维修开关被断开，动力电池内的电池及其连接电路仍然在串联的位置具有高电压。不同品牌或车型的手动维修开关位置各有不同，可查阅车主用户手册找到具体位置，以2017款比亚迪E5为例，手动维修开关位于前中央扶手内部，如图1-3-6所示。

图 1-3-6　手动维修开关位置示意图

此外，手动维修开关由于能够物理上直接切断动力电池的连接回路，因此汽车制造厂商都会将该开关设计成特殊的锁止结构，避免人为意外触发或行驶中因为振动等因素断开，通用纯电动汽车上的手动维修开关断开方法如图1-3-7所示。

车辆的电气
防护

图1-3-7　手动维修开关断开方法

需要注意的是，手动维修开关的断开方法一般会标示在开关上面，或在车主用户手册中。

3. 高压系统的中止与检验

在维修带有高电压的新能源汽车前，务必执行高电压的中止和检验操作，避免因意外高压触电，高压系统的中止与检验操作步骤主要分为以下两个部分：

（1）高电压的中止。

（2）高电压的检验。

高压系统的中止与检验如图1-3-8所示。

高压供电原理

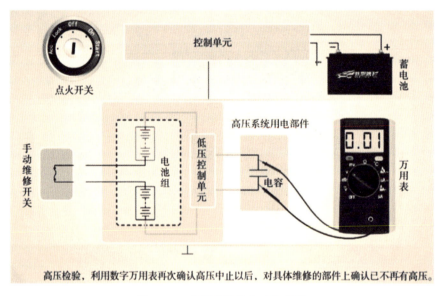

图1-3-8　高压系统的中止与检验

1）高电压的中止

高电压中止主要是通过正确的操作步骤来关闭车辆高压系统的。在正常情况下，执行高电压中止后，车辆除了动力电池，其他部件应该都不具有高电压，高电压中止的基本步骤：

（1）关闭点火开关。关闭点火开关后，将钥匙放到一个安全的区域，通常应该远离被维修的汽车，如图1-3-9所示。

图 1-3-9　关闭点火开关

（2）断开辅助电池负极端子。找到12V辅助电池，断开电池的负极，并固定搭铁线，以防止移动蓄电池负极端子，如图1-3-10所示。

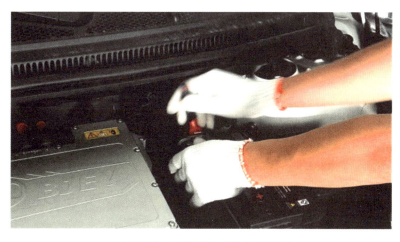

图 1-3-10　断开辅助电池负极端子

（3）拆除手动维修开关。找到手动维修开关并断开，当处理橙色高压组件和线路时，确保戴着绝缘橡胶手套，将拆下的维修开关放在口袋中，以防止其他人将它安装回车上去，并将裸露的维修开关槽使用绝缘胶布封住，如图1-3-11所示。

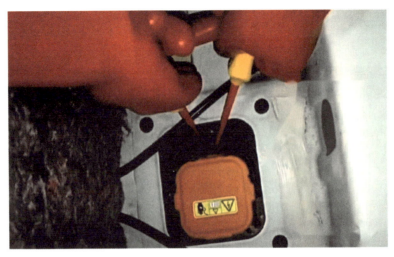

图 1-3-11　拆除手动维修开关

高压断电流程

（4）等待5分钟。拆下手动维修开关后，必须等待5分钟，使得高压部件中的电容器进行放电，之后才可以继续对车辆进行高电压检验操作。

2）高电压的检验

高电压检验是利用万用表再次确认高电压中止以后，具体维修的部件上确实已不再有高电压，该步骤符合高电压的检验操作标准。使用万用表测量高压部件的连接器各个高电压端子，在执行高电压中止以后，每个端子对车身的电压应该小于3V，且端子正负极之间的电压也应该小于3V。如果任一被测量的电压超过3V，则说明系统内部存在高压黏结的情况，需要由经过特殊培训的工程师来进行处理。

在检验高电压端子期间，必须佩戴好个人安全防护用品，如图1-3-12所示。

图 1-3-12　高电压的检验

练习题

1. 填空题

（1）新能源汽车高电压的存在形式有_____、_____、_____三种。

（2）插电式混合动力汽车和纯电动汽车的_____以及连接的导线只有在充电期间才会具有高电压。

（3）控制单元通过接触器切断位于动力蓄电池与_____用电部件的连接后，整车除动力电池外，其他高压用电设备上不再有高电压。

（4）按照国家新能源汽车安全标准，在动力电池上都会设计一个串联的_____。

（5）在维修带有高电压的新能源汽车前，务必执行高电压的_____和_____操作。

2. 判断题

（1）新能源汽车的动力蓄电池持续存在高电压。（　　）

（2）逆变器在运行期间就会存在高电压。（　　）

（3）点火开关ON时，高压压缩机就会存在高电压。（　　）

（4）手动维修开关被断开，动力电池内的电池及其连接电路仍然在串联的位置具有高电压。（　　）

（5）拆下手动维修开关后，就可以继续对车辆进行高电压检验操作。（　　）

3. 不定项选择题

（1）新能源汽车高电压存在的主要类型有（　　）。

　　A. 直流高电压　　B. 交流高电压　　　　C. 变频高电压　　　　D. 以上都不对

（2）新能源汽车高电压存在的形式有（　　）。

　　A. 一直存在　　　　　　　　　　B. 点火开关打开时存在

　　C. 充电期间存在　　　　　　　　D. 一直不存在

（3）手动维修开关用于（　　）。

　　A. 切断动力电池中连接回路　　　B. 维修车辆底盘

　　C. 切断驱动电机电源　　　　　　D. 手动维修充电器

（4）对高电压车辆进行维修前，需要执行（　　）。

　　A. 高电压中止与检验　　　　　　B. 关闭点火开关

　　C. 断开蓄电池负极　　　　　　　D. 检验被维修部件

工作页

任务实施
1．操作规范

（1）车间管理。

新能源汽车的操作车间，除普通车间的安全要求外，还必须放置安全警示标志，避免他人未经允许进入高电压工位而发生危险。

（2）操作人员要求。

新能源汽车的操作人员必须经过规范培训，才能进行操作，并要求持低压电工证上岗。

（3）佩戴个人防护用品。

实训操作前需严格按照规范穿戴安全防护装备，养成安全第一、生命至上的意识。

（4）操作规范。

新能源汽车操作前要检查车辆状况，操作过程中严格按照规范进行，操作后要进行复检，确保车辆恢复原样，逐步引导学生养成求真务实、严谨细致的操作习惯。

2．实训准备

（1）实训分组。

分组进行实训，完成"高压系统中止与检验"任务。

（2）工具准备。

绝缘工具套装、绝缘胶带、维修组合工具、万用表。

（3）设备准备。

新能源汽车。

（4）车辆防护用品。

车内三件套、车外三件套、底盘垫块、车轮挡块。

（5）人员防护用品。

绝缘手套、绝缘安全鞋、护目镜、高压安全帽、非化纤工作服。

（6）辅助资料。

新能源汽车维修资料。

请操作以下项目：

序号	操作项目	请填写
1	高电压的中止	1._____ 2._____ 3._____ 4._____
2	高电压的检验	

考核评价					
项目	操作流程	分值	评分标准	扣分	得分
高电压的中止	关闭点火开关。然后将钥匙放到一个安全的区域，通常应该远离被维修的汽车	10	技能动作标准10分，一般6分，不规范3分		
	断开辅助电池负极端子。找到12V辅助电池，断开电池的负极，并固定搭铁线，以防止移动蓄电池负极端子	10	技能动作标准10分，一般6分，不规范3分		
	拆除手动维修开关。找到手动维修开关并断开，当处理橙色高压组件和线路时，确保戴着绝缘橡胶手套，将拆下的维修开关放在口袋中以防止其他人将它安装回车上去，并将裸露的维修开关槽使用绝缘胶布封住	10	技能动作标准10分，一般6分，不规范3分		
	等待5分钟。拆下手动维修开关后，必须等待5分钟，使得高压部件中的电容器进行放电，之后才可以继续对车辆进行高电压检验操作	10	技能动作标准10分，一般6分，不规范3分		
高电压的检验	使用万用表测量高压部件的连接器各个高电压端子，在执行高电压中止以后，每个端子对车身的电压应该小于3V	15	技能动作标准15分，一般10分，不规范5分		
	端子正负极之间的电压应该小于3V	15	技能动作标准15分，一般10分，不规范5分		
任务检查	学生任务完成，操作过程规范	10	安全规范操作10分，不安全操作5分		
任务评价	对学生的操作情况进行客观评价	10	熟练操作10分，提示操作6分		
	对学生在任务实施过程的表现进行客观评价	10	态度端正10分，有不文明行为6分		
得分（满分100）					

项目二　新能源汽车概述

任务 1　新能源汽车操作

　　我们作为新能源汽车专业的学生，在进行新能源汽车维修时，首先要能够熟练操作车辆的各项功能，你知道应该如何操作吗？

二、任务目标

知识目标：

● 能够描述新能源汽车的启动流程。

● 能够描述新能源汽车的VIN码含义。

技能目标：

● 能够正确、及时执行新能源汽车的启动。

新能源汽车
的启动流程

素质目标：

● 通过制订工作计划，培养学生的自主能力及团队协作意识（行为目标）。

● 通过工学结合的方式，让学生提前适应工作岗位，能够熟悉岗位要求，按照规范的生产维修工艺流程操作（行为目标）。

● 通过规范找到车辆铭牌，培养学生的动手操作能力，以及安全规范操作的职业素养（职业素养目标）。

三、知识链接

1．启动车辆

　　如果是智能钥匙，则只需在车内按下"ENGINE START STOP"开关，就可启动车辆，启动后，仪表盘显示"OK"或"READY"灯点亮。规范启动车辆的步骤如下：

　　（1）进入驾驶室，确认P挡灯点亮，如图2-1-1所示。

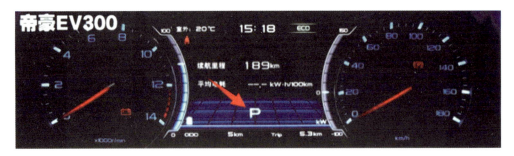

图 2-1-1　P 挡灯点亮

（2）将智能钥匙放入扶手箱。

（3）踩下制动踏板，如图2-1-2所示。

图 2-1-2　制动踏板的位置示意图

（4）按下启动按钮，如图2-1-3所示。

图 2-1-3　启动按钮的位置示意图

（5）当仪表盘上显示"READY"标识时，说明车辆已成功启动，如图2-1-4所示。

图 2-1-4 车辆成功启动

丰田卡罗拉
混合动力汽
车使用说明

2. 车架号

1）位置介绍

车架号又称车辆识别代码（VIN），一般位于前挡风玻璃下方，如图2-1-5所示，或者在主驾驶车门铰链柱、门锁柱、门边上，也有的位于机舱。如果没有找到，则也有可能固定在车门内侧靠近驾驶员座椅的地方。

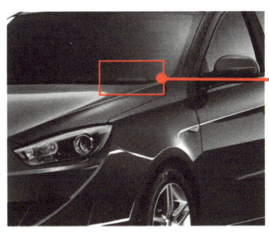

车辆识别代码牌位于挡风玻璃右下角

图 2-1-5 车架号

2）车架号信息读取

车架号总共由17位字符组成，可分为3个部分，如图2-1-6所示。

第1部分：WMI——世界制造厂识别代码（1～3位）。

第2部分：VDS——车辆说明部分（4～9位）。

第3部分：VIS——车辆指示信息（10～17位）。

比亚迪混合
动力汽车使
用说明

北京汽车电
动汽车使用
说明

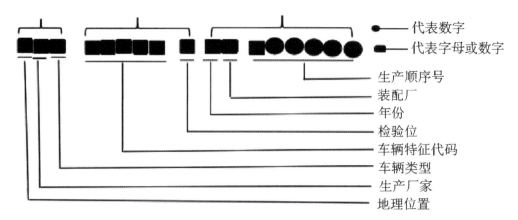

图 2-1-6　车架号的组成

（1）世界制造厂识别代号（WMI）。

WMI的第1个字符表示生产企业所在的国家或地区，如表2-1-1所示。

表 2-1-1　部分国家/地区 WMI 第 1 个字符示例

代码	国家/地区	代码	国家/地区
1	美国	J	日本
2	加拿大	S	英国
3	墨西哥	K	韩国
4	美国	L	中国
6	澳大利亚	V	法国
9	巴西	R	中国台湾
W	德国	Y	瑞典
T	瑞士	Z	意大利

2～3位字符合并表示生产厂家及车辆类型。但不同国家/地区所表示的意思会有所差别。如在中国，LSG表示上海通用，LFV表示一汽大众，LSV表示上海大众，LHG表示广州本田，LVS表示长安福特等。

（2）车辆说明部分（VDS）。

4～8位字符用以表现车辆的特征，如系列、车身类型、发动机类型等信息，其组成代码和排列顺序由汽车制造厂决定。

第9位字符指的是车辆校验位。

（3）车辆指示信息（VIS）。

第10位字符：车型年款。代码以30年为一个周期进行轮回，如表2-1-2所示。

第11位字符：装配厂。若无装配厂，制造商可规定其他内容。

12～17位字符：汽车生产顺序号。

表2-1-2　车型年款代码

年份	代码	年份	代码	年份	代码	年份	代码
1991	M	2001	1	2010	B	2021	M
1992	N	2002	2	2012	C	2022	N
1993	P	2003	3	2013	D	2023	P
1994	R	2004	4	2014	E	2024	R
1995	S	2005	5	2015	F	2025	S
1996	T	2006	6	2016	G	2026	T
1997	V	2007	7	2017	H	2027	V
1998	W	2008	8	2018	J	2028	W
1999	X	2009	9	2019	K	2029	X
2000	Y	2010	A	2020	L	2030	Y

3）电机铭牌介绍

电机铭牌通常包含以下参数。

型号：代表是什么类型的电机。

编号：电机的生产编号。

额定功率：指该机械设备所能达到的最大输出功率，一般以kW为单位。

额定电压：指该机械设备所设计的、适用的、安全可靠工作的电压值，常规为380V。

接法：永磁同步电机多为Y接法。

额定电流：由制造厂商标定的设备输入电流。

防护等级（IP）：由2位数字组成，第1位数字表示防尘、防止外物侵入的等级；第2位数字表示防湿气、防水侵入的密闭程度；常规为IP54，也可作其他等级。

额定转速：电机在额定运行时的转速（下图永磁同步电机最高转速为15000转/分钟）。

绝缘等级：电机所用绝缘材料的耐热等级，常规为F、H级绝缘。

比亚迪车型永磁同步电机铭牌示例如图2-1-7所示。

4）动力电池铭牌介绍

新能源汽车动力电池主要包括铅酸电池、镍氢电池、锂电池和氢燃料电池。目前，锂电池在能量密度、寿命和环保性能方面具有很大的优势，是动力电池的首选。

图2-1-8为吉利汽车动力电池铭牌示例。

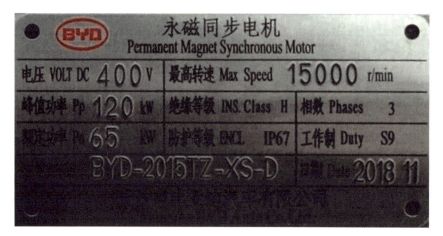

图 2-1-7　电机铭牌示例

图 2-1-8　动力电池铭牌示例

电池种类：三元锂离子电池，即电池的正极材质分类。

额定电压：电池在标准规定条件下工作时应达到的电压，额定电压由极板材料的电极电位和内部电解液的浓度决定。

额定容量：在一定放电条件下，电池放电至截止电压时放出的电量。单位用Ah即安时来表示，它反映了电池存储电量的大小。数值越大，则存储的电量就越多。

练习题

1．判断题

（1）车架号的第1位字符，L表示中国。（　　　）

（2）车架号由17位字符组成，这17位字符分为两部分。（　　　）

（3）发动机铭牌由10位字符组成。（　　　）

（4）车架号第一部分是世界制造厂识别代码。（　　）

（5）高压胎的充气压力为0.5～0.7MPa。（　　）

2．不定项选择题

（1）VIN由（　　）位数字组成，第（　　）位代表生产年份。

　　　A．17、10　　　　B．17、9　　　　　　C．18、10　　　　　　D．18、9

（2）车辆识别代码常见的位置在（　　）。

　　　A．驾驶员侧的前挡风玻璃下　　　　　B．驾驶员侧车门的门缝内

　　　C．发动机舱内　　　　　　　　　　　D．保险杠上

（3）从车辆识别代码上我们可以获知的信息包括（　　）。

　　　A．生产年份　　　B．车辆种类　　　C．生产国家　　　　　D．生产厂家

（4）从车辆铭牌上我们可以获知的信息包括（　　）。

　　　A．车辆识别代码（身份证）　　　　　B．发动机排量（档次）

　　　C．发动机型号　　　　　　　　　　　D．整车型号

（5）车辆铭牌大多数安装在（　　）。

　　　A．发动机舱的某个位置　　　　　　　B．后保险杠上

　　　C．挡风玻璃下　　　　　　　　　　　D．后备箱内

工作页

任务实施
1．操作规范
（1）车间管理。
新能源汽车的操作车间，除普通车间的安全要求外，还必须放置安全警示标志，避免他人未经允许进入高电压工位而发生危险。
（2）操作人员要求。
新能源汽车的操作人员必须经过规范培训，才能进行操作，并要求持低压电工证上岗。
（3）佩戴个人防护用品。
实训操作前需严格按照规范穿戴安全防护装备，养成安全第一、生命至上的意识。
（4）操作规范。
新能源汽车操作前要检查车辆状况，操作过程中严格按照规范进行，操作后要进行复检，确保车辆恢复原样，逐步引导学生养成求真务实、严谨细致的操作习惯。
2．实训准备
（1）实训分组。
分组进行实训，完成"新能源汽车启动操作及铭牌查找实践"任务。
（2）工具准备。
无。
（3）设备准备。
新能源汽车。
（4）车辆防护用品。
车内三件套、车外三件套、底盘垫块、车轮挡块。
（5）人员防护用品。
无。
（6）辅助资料。
新能源汽车维修资料。

请操作以下项目：

序号	操作项目	请填写
1	正确启动新能源汽车	
2	找到车架号，并解读车架号含义	
3	找到电机铭牌，并解读电机铭牌含义	
4	找到动力电池铭牌，并解读动力电池铭牌含义	

考核评价					
项目	操作流程	分值	评分标准	扣分	得分
正确启动新能源汽车	进入驾驶室，确认P挡灯点亮	10	技能动作标准10分，一般6分，不规范3分		
	将智能钥匙放入扶手箱	10	技能动作标准10分，一般6分，不规范3分		
	踩下制动踏板	10	技能动作标准10分，一般6分，不规范3分		
	按下启动按钮	10	技能动作标准10分，一般6分，不规范3分		
	当仪表盘上显示"READY"时，说明车辆已成功启动	10	技能动作标准10分，一般6分，不规范3分		
找到车辆铭牌的位置	找到实训车辆上的车架号（VIN），并准确解读车架号含义	10	技能动作标准10分，一般6分，不规范3分		
	找到实训车辆上的电机铭牌，并准确解读电机铭牌含义	10	技能动作标准10分，一般6分，不规范3分		
	找到实训车辆上的动力电池铭牌，并准确解读动力电池铭牌含义	10	技能动作标准10分，一般6分，不规范3分		
任务检查	学生任务完成，操作过程规范	10	安全规范操作10分，不安全操作5分		
任务评价	对学生的操作情况进行客观评价	5	熟练操作5分，提示操作3分		
	对学生在任务实施过程的表现进行客观评价	5	态度端正5分，有不文明行为2分		
得分（满分100）					

任务2 新能源汽车的现状与发展

一、任务导入

　　作为新能源汽车专业的学生，我们不仅要学习专业知识，还要了解行业发展现状及未来发展趋势，这样才能做好自己的职业规划，在行业内有所建树，你了解新能源汽车的现状与发展吗？

二、任务目标

知识目标：

- 能够描述新能源汽车的特征。
- 能够描述新能源汽车的现状。
- 能够描述新能源汽车的发展。

绿色环保

技能目标：

- 能够正确讲述新能源汽车的特性。

素质目标：

- 通过制订工作计划，培养学生的自主能力及团队协作意识（行为目标）。
- 通过工学结合的方式，让学生提前适应工作岗位，能够讲述新能源汽车的现状与发展（行为目标）。
- 通过了解新能源汽车的现状与发展，让学生做好自己的职业规划，在提升专业技能的同时，培养学生良好的职业素养（职业素养目标）。

三、知识链接

1. 新能源和新能源汽车的定义

1）什么是新能源

　　新能源又称非常规能源，指传统能源之外的各种能源形式，刚开始开发利用或正在积极研究、有待推广的能源，如太阳能、地热能、风能、海洋能、生物质能和核聚变能等，新能源越来越多地被用到风电产业、地热利用产业、沼气发电产业、生物质产业、太阳能光伏产业、新能源汽车产业，如图2-2-1所示。

图 2-2-1　新能源产业

2）什么是新能源汽车

汽车根据内燃机加注的燃料不同可以分为汽油汽车、柴油汽车及添加乙醇的汽油汽车等。而新能源汽车是集合前文所述的汽车与新能源利用的双重含义。根据新能源汽车利用能源方式的不同，可以分为纯电动或混合动力新能源汽车、替代燃料新能源汽车及其他形式的新能源汽车。新能源汽车充电过程如图2-2-2所示。

图 2-2-2　充电中的新能源汽车

2. 新能源汽车的现状

1）国外新能源汽车的现状

（1）国外混合动力汽车的发展状况。

日本较早研发混合动力汽车，并最先实现了产业化。丰田普锐斯（Prius）于1997年10月底问世，是世界上最早实现批量生产的混合动力汽车，全球累计销量已超过200万辆。早期的普锐斯采用镍氢电池，串并联控制方式，百公里油耗3.4L。目前，普锐斯已推出多代产品，采用锂电池作为动力电池，其性能得到大幅度改善。随着技术的成熟和生产规模的扩大，混合动力汽车的生产成本大幅下降。

（2）国外燃料电池汽车的发展状况。

　　燃料电池汽车使用液态氢作为汽车的动力电池能源，与大气中的氧发生化学反应，从而产生电能来启动电动机，进而驱动汽车。由于燃料电池汽车技术的战略意义十分重大，世界许多国家和地区都在潜心致力于燃料电池汽车的研究。

　　近年来，燃料电池出现模块化趋势，单个燃料电池模块的功率被界定在一定的范围之内，通过提高产品性能实现模块化组装，以满足不同车辆对燃料电池功率等级的要求。通过采用混合动力技术，优化蓄电池和燃料电池的能量分配。以有效提高燃料电池的寿命、降低系统成本为目的，燃料电池汽车技术攻关的焦点是提高可靠性、耐久性。燃料电池汽车的结构如图2-2-3所示。

图 2-2-3　燃料电池汽车的结构

2）国内新能源汽车的现状

　　自2012年国务院正式发布了《节能与新能源汽车产业发展规划》（以下简称《规划》）以来，我国明确以纯电动汽车为新能源汽车发展和汽车工业转型的主要战略取向，如图2-2-4所示。《规划》内容明确以纯电驱动为汽车产业未来的重要方向，这也是解决汽车普及过程带来的能源与环境问题的根本性措施，具有战略性意义。

弯道超车

图 2-2-4　我国新能源汽车

　　2014年，国务院发布《关于加快新能源汽车推广应用的指导意见》（以下简称《指导意见》），部署进一步加快新能源汽车推广应用。《指导意见》从总体要求、充电设施建设、积极引导企业创新商业模式、推动公共服务领域推广应用、进一步完善政策体系、坚决破除地方保护、加快创新能力建设、进一步加强组织领导等8个方面提出30条具体政策措施，促进新能源汽车产业转型升级。

2020年，国务院发布了《新能源汽车产业发展规划（2021—2035年）》，如图2-2-5所示。

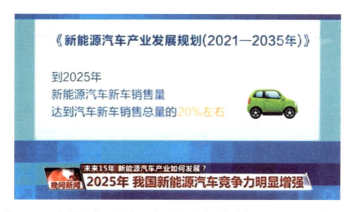

图 2-2-5　我国发布《新能源汽车产业发展规划（2021—2035 年）》

3. 新能源汽车的发展趋势

汽车集成最新科技成果，汽车产品将朝着新四化——电动化、智能化、网联化、共享化的方向发展。

（1）电动化，指的是新能源动力系统领域。

（2）智能化，指的是无人驾驶或者驾驶辅助子系统。

（3）网联化，指的是车联网布局。

（4）共享化，指的是汽车共享与移动出行。

新能源汽车
发展史

1）突破动力电池技术是关键

作为动力源，现在还没有任何一种电池能与石油相提并论，动力电池已成为限制新能源汽车发展的瓶颈，因此，研究和开发不污染环境、成本低廉、性能优良的动力电池，是大量推广、使用新能源汽车的前提。

2）电动汽车标准

我国现行的与电动汽车相关的部分标准可参考表2-2-1。

表 2-2-1 电动汽车标准

序号	标准代号	标准名称
1	QC/T 744—2006	电动汽车用金属氢化物镍蓄电池
2	QC/T 743—2006	电动汽车用锂离子蓄电池
3	QC/T 742—2006	电动汽车用铅酸蓄电池
4	QC/T 741—2014	车用超级电容器
5	CB/T 18333.2—2015	电动汽车用锌空气电池
6	GB/T 4094.2—2017	电动汽车操纵杆、指示器及信号装置的标志
7	GB/T 24552—2009	电动汽车用风窗玻璃除霜除雾系统的性能要求及试验方法
8	GB/T 24347—2021	电动汽车DC/DC转换器
9	GB/T 20234.1—2015	电动汽车传导充电用连接装置 第1部分：通用要求
10	GB/T 20234.2—2015	电动汽车传导充电用连接装置 第2部分：交流充电接口
11	GB/T 20234.3—2015	电动汽车传导充电用连接装置 第3部分：直流充电接口
12	GB/T 19836—2019	电动汽车仪表
13	GB/T 19596—2017	电动汽车术语
14	GB/T 18488.2—2015	电动汽车用驱动电机系统 第2部分：试验方法
15	GB/T 18488.1—2015	电动汽车用驱动电机系统 第1部分：技术条件
16	GB/T 18487.3—2001	电动车辆传导充电系统 电动车辆交流与直流充电机（站）
17	GB/T 18487.2—2017	电动汽车传导充电系统 第2部分：非车载传导供电设备电磁兼容要求
18	CB/T 18487.1—2015	电动汽车传导充电系统 第1部分：通用要求
19	GB/T 18388—2005	电动汽车定型试验规程
20	GB/T 18387—2017	电动车辆的电磁场发射强度的限值和测量方法
21	GB/T 18385—2005	电动汽车动力性能 试验方法
22	GB 18384—2020	电动汽车安全要求
23	GB/T 17619—1998	机动车电子电器组件的电磁辐射抗扰性限值和测量方法
24	GB/T 34013—2017	电动汽车用动力蓄电池产品规格尺寸

电动汽车标准体系由三部分组成：一是整车标准，有整车性能、安全要求等；二是电动汽车部件标准，主要是储能装置——动力电池、超级电容器、燃料电池，还有电机及控制器；三是基础设施标准，有能源动力、站车通信及接口、能源补给。

练习题

1. 填空题

（1）刚开始开发利用或正在积极研究、有待推广的能源有＿＿＿＿、＿＿＿＿、＿＿＿＿、海洋能、生物质能和核聚变能等。

（2）作为动力源，现在还没有任何一种电池能与石油相提并论，＿＿＿＿＿＿已成为限制新能源汽车发展的瓶颈。

（3）虽然针对汽车排放的尾气是否为＿＿＿＿的主要"元凶"这一辩题还有很多争论，但不可否认的是，以新能源汽车取代传统燃油汽车，可以逐步减少汽车排放对环境的污染，同时降低能源消耗。

2. 判断题

（1）新能源汽车是指采用非常规的车用燃料作为动力来源或使用常规的车用燃料、采用新型车载动力装置。（　　）

（2）燃料电池汽车使用气态氢作为汽车的动力电池能源。（　　）

（3）永磁无刷直流电机，优点是效率高、启动转矩大、质量较小，缺点是成本高、磁铁易消磁、抗震性较差。（　　）

3. 不定项选择题

（1）国外纯电动汽车主要应用于（　　）等特殊用途车辆。

　　A. 小型乘用车　　B. 大型公交车　　　C. 市政与邮政　　　D. 商用车

（2）目前，纯电动汽车的技术攻关重点集中在（　　）、降低成本方面。

　　A. 汽车智能化　　B. 汽车轻量化　　　C. 提高动力电池性能 D. 能量回收

（3）交流感应电机，其主要优点是（　　）。

　　A. 结构简单　　　B. 可靠　　　　　　C. 质量较小　　　　D. 能耗低

（4）电动汽车标准体系由（　　）部分组成

　　A. 二　　　　　　B. 三　　　　　　　C. 四　　　　　　　D. 五

4. 简答题

请写出电动汽车标准代号及名称。

_____

_____

_____

任务 3　新能源汽车的分类

一、任务导入

　　作为一名汽车专业的学生,你知道新能源汽车有哪些类型吗?你能说出新能源汽车与传统汽车的区别吗?

二、任务目标

知识目标:

- 能够描述新能源汽车的类型。
- 能够描述新能源汽车的基本性能与特征。
- 能够描述新能源汽车与传统汽车的区别。
- 能够描述新能源汽车的结构原理。
- 能够描述新能源汽车的动力能量流。

技能目标:

- 能够正确识别纯电动汽车及油电混合动力汽车。
- 能够描述油电混合动力汽车的结构。
- 能够描述插电式混合动力汽车的结构。

素质目标:

- 通过制订工作计划,培养学生的自主能力及团队协作意识(行为目标)。
- 通过工学结合的方式,让学生提前适应工作岗位,能够区分不同类型的新能源汽车(行为目标)。
- 通过对不同类型新能源汽车的区分,培养学生的动手操作能力,以及独立思考问题的职业素养(职业素养目标)。

三、知识链接

1. 新能源汽车的类型

　　从广义上来讲,混合动力电动汽车是指能根据特定行驶要求,从两种或两种以上的能量源、能量储存器或转化器获取驱动力的汽车,在运行中至少有一种能量储存器或转化器直接驱动汽车,并且至少有一种能量源、能量储存器或转化器能够传递电能。

从狭义上来讲，混合动力电动汽车是指同时装备两种动力源——热动力源（由传统的汽油机或柴油机产生）与电动力源（电池与电动机）的汽车。

1）按油、电的分配比例分类

根据目前市场上成熟车辆的形式，结合传统汽车、纯电动汽车和混合动力汽车，按照油、电的分配比例，可以划分成以下几种油电类新能源汽车。

HEV：油电混合动力汽车，在通常情况下，电力输出能量占到电力与内燃机总能量的25%左右，如图2-3-1所示。

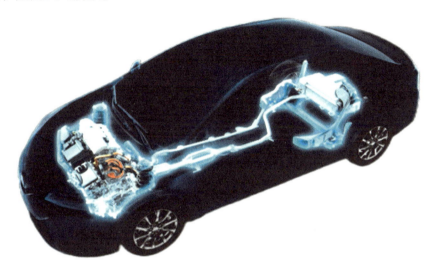

图 2-3-1　油电混合动力汽车

PHEV：插电式混合动力汽车，因为此类汽车可以通过外部电网获取电能，电力输出一般较高，占到45%左右，如图2-3-2所示。

图 2-3-2　插电式混合动力汽车

BEV：纯电动汽车，驱动车辆的动力全部是电能，纯电动汽车并没有发动机、变速箱等配置，取而代之的是蓄电池、电机及电控系统，如图2-3-3所示。

图 2-3-3　纯电动汽车

2）按驱动系统获取能源的方式分类

鉴于当前新能源汽车的技术发展，按照新能源汽车驱动系统获取能源的方式，分为两种类型，如图2-3-4所示。

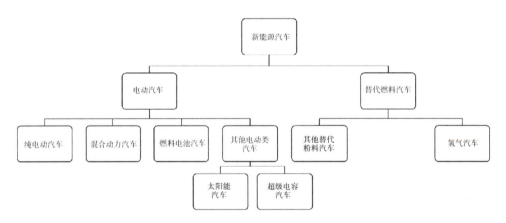

图 2-3-4　按驱动系统获取能源的方式分类

一是以电力驱动技术为主的电动汽车；二是在内燃机基础上研发以替代燃料技术为主的替代燃料汽车，如氢能源汽车、LPG燃料汽车等。有一点需要特别注意的是，燃料电池汽车、太阳能汽车、超级电容汽车等，实际上也可以归类到电动汽车类型中，主要原因在于此类汽车的能源最终都是转换成电力的形式存储在汽车或直接通过电机驱动车辆的。

（1）电动汽车类型。

电动类型的新能源汽车从动力结构的角度可以分为纯电动汽车和混合动力汽车，同时也包括燃料电池汽车及其他电动类汽车，如太阳能汽车和超级电容汽车等。

① 纯电动汽车。

纯电动汽车顾名思义就是全部采用电力驱动的汽车，利用驱动电机来驱动车辆。纯电动汽车的优点在于技术相对简单成熟，只要有电力供应的地方都能够充电，但目前作为动力的蓄电池单位质量储存的能量太少，而且蓄电池成本高，故购买价格较高。

② 混合动力汽车。

混合动力汽车是指那些采用传统燃料，同时配以电机来改善低速动力输出和燃油消耗的车型。按照燃料种类的不同，混合动力汽车可以分为汽油混合动力和柴油混合动力两种。目前在国内市场上，混合动力汽车的主流是汽油混合动力汽车，而在国际市场上柴油混合动力汽车发展也很快。

雷克萨斯CT 200h混合动力汽车如图2-3-5所示，其汽油、电机传动系统拥有4种不同的设置，包括节能、普通、运动和纯电动（EV）4种模式。

图 2-3-5 雷克萨斯 CT 200h 混合动力汽车

③ 燃料电池汽车。

燃料电池汽车是指以氢气、甲醇等为燃料，通过化学反应产生电流，依靠电机驱动的汽车。燃料电池的能量通过氢气和氧气的化学作用，直接变成电能，燃料电池的化学反应过程不会产生有害物质，因此，燃料电池汽车是无污染的汽车。燃料电池的能量转换效率比内燃机要高2~3倍，从能源的利用和环境保护方面来看，燃料电池汽车是一种理想的汽车。

④ 太阳能汽车。

普通的电动汽车是一种以电力为能源的车辆，一般使用铅酸电池或锂离子电池进行供电，而太阳能汽车是在此基础上，将太阳能转化成电能对车进行供电的，在很大程度上降低了电动汽车的使用成本，而且非常环保，如图2-3-6所示。

图 2-3-6　太阳能汽车

太阳能汽车的优点：

① 以光、电代替油，可节约有限的石油资源。在白天，太阳能电池把光能转换为电能自动存储在动力电池中。在夜间或阴雨天，也可以利用家用交流电（220V）进行充电，确保车辆正常行驶。

② 无污染，因为不用燃油，所以不会排放污染大气的有害气体。

③ 无噪声，没有内燃机，行驶时不会听到燃油汽车的轰鸣声。

太阳能汽车的缺点：

① 开发成本较高。

② 受自然条件（阳光）的限制。

3）按驱动系统形式分类

混合动力汽车是指除了发动机还拥有其他动力源的汽车，常见的搭配：发动机+锂电池。混合动力技术历经三十多年的发展，目前已较为成熟，按照其提供驱动的方式又可分为串联式结构、并联式结构和混联式结构。

这三种不同的拓扑结构均有代表性的车企。

（1）串联式结构。

串联式（增程式）结构如图2-3-7所示，目前主要是理想汽车主推，实际上是以发动机作为锂电池的充电宝，不参与驱动车辆行驶，只负责带动发电机给锂电池充电。

串联式结构是混合动力汽车中结构最为简单的，整体结构相当于纯电动汽车加一个汽油发动机，它取消了普通汽车的变速器，结构布置也更加灵活。但是，发动机的动能需要经过二次转换才能为电动机供电，会造成较大的能量损失。

图 2-3-7　串联式结构

工作模式：纯电动。

评价：发动机作为发电机给动力电池供电，电动机直接驱动传动系统，在低速有优势（由电动机工作特性决定）。

代表性车企：东风日产e-POWER、理想汽车。

控制策略（能量管理策略）：较简单，更多关注锂电池的输入/输出。

（2）并联式结构。

并联式结构是在普通汽车的基础上加装一套电能驱动系统（电动机和动力电池驱动系统），如图2-3-8所示，发动机和电动机都能单独驱动汽车，也可以同时工作，共同驱动汽车。当动力电池电量不足时，发动机还能带动电动机反转为动力电池充电。另外，该结构保留了变速器。

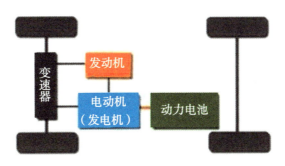

图 2-3-8　并联式结构

代表性车企：本田IMA。

评价：发动机、电动机可分别或联合驱动车轮，可以提高燃油经济性，在高速时有优势。

工作模式：纯电动、传统发动机驱动、混合驱动模式、电池充电、再生制动（制动能量回收）。

（3）混联式结构。

混联式结构如图2-3-9所示，结构最为复杂，工作模式最多，导致相应的控制策略也更为复杂和多变。混联式结构在发动机和电动机协同驱动汽车行驶的同时，发动机还能带动发电机为动力电池充电，并且理论上它能够实现发动机带动发电机发电，电动机驱动汽车的模式。当然，两个动力单元也能够单独驱动汽车。

电动汽车整车结构介绍

图 2-3-9　混联式结构

日本丰田车企搭载的是丰田THS混动系统，于1997年上市的丰田普锐斯（Prius）是一款经典的功率分流型混动车。

评价：结合串联与并联的优点，串联在低速时高效，并联在高速时高效，减少发动机和电动机的大小（功率）。

工作模式：既有串联模式，又有并联模式，还可以串联、并联相结合。

代表性车企：丰田（THS）、本田（i-MMD）、现代（TMED）、比亚迪。

控制策略（能量管理策略）：最为复杂，由于其工作模式多样，同时优化目标也较多（节能、延长寿命、提高效率等），策略的复杂度较高。

练习题

1．填空题

（1）按油、电的分配比例分类，新能源汽车有＿＿＿＿、＿＿＿＿、＿＿＿＿、＿＿＿＿。

（2）按驱动系统获取能源的方式分类，新能源汽车有＿＿＿＿、＿＿＿＿、＿＿＿＿、＿＿＿＿。

（3）在内燃机基础上研发以替代燃料技术为主的替代燃料汽车，如＿＿＿＿、＿＿＿＿等。

（4）纯电动汽车就是全部采用电力驱动的汽车，利用＿＿＿＿＿＿＿＿来驱动车辆。

（5）混合动力汽车是指那些采用传统燃料，同时配以＿＿＿＿＿＿＿来改善低速动力输出和燃油消耗的车型。

2．判断题

（1）燃料电池汽车是指以氢气、甲醇等为燃料，通过化学反应产生电流，依靠电机驱动的汽车。（　　）

（2）太阳能汽车是指在以电力为能源的基础上，将太阳能转化成电能对汽车进行供电的。（　　）

（3）太阳能汽车不受自然条件（阳光）的限制。（　　）

（4）太阳能汽车的缺点是开发成本较高、受自然条件（阳光）的限制。（　　）

3．不定项选择题

（1）纯内燃机驱动的汽车（ICE），（　　）的动力能源来自内燃机输出。

A．100%　　　　　B．90%　　　　　C．80%　　　　　D．70%

（2）油电混合动力汽车（HEV），在通常情况下，电力输出能量占到电力与内燃机总能量的（　　）左右。

A．15%　　　　　B．20%　　　　　C．25%　　　　　D．30%

（3）插电式混合动力汽车（PHEV），因为此类汽车可以通过外部电网获取电能，电力输出一般较高，占到（　　）左右。

A．35%　　　　　B．40%　　　　　C．45%　　　　　D．50%

（4）燃料电池的能量是通过（　　）的化学作用，直接变成电能的。

A．氢气　　　　　B．氮气　　　　　C．氧气　　　　　D．二氧化碳

4．简答题

（1）画出串联式结构。

（2）画出并联式结构。

（3）画出混联式结构。

项目三　新能源汽车常规系统认知

任务 1　空调系统

一、任务导入

　　作为一名新能源汽车售后服务顾问，客户需要你向其详细介绍如何操控新能源汽车的空调系统，以及空调系统配置的一些新功能该如何正确使用，你能完成这个任务吗？

二、任务目标

知识目标：

- 能够描述新能源汽车空调系统与传统汽车空调系统的区别。
- 能够描述新能源汽车空调系统的通风方式。
- 能够描述新能源汽车空调系统的空气净化方式。
- 能够描述新能源汽车空调系统面板的功能。

技能目标：

- 能进行新能源汽车空调系统的使用。
- 能区分新能源汽车空调系统与传统汽车空调系统的加热方式。

素质目标：

- 通过制订工作计划，培养学生的自主能力及团队协作意识（行为目标）。
- 通过工学结合的方式，让学生提前适应工作岗位，学会独立思考，能够掌握不同制冷、制热类型的区别，并且可以应用在不同车型上（行为目标）。
- 通过对空调系统的学习，培养学生的动手操作能力，培养学生独立思考问题、分析问题的职业素养（职业素养目标）。

1. 区分新能源汽车与传统汽车的空调系统驱动方式

　　新能源汽车空调制冷系统与传统汽车的区别是压缩机驱动方式发生了变化，新能源汽车的空调压缩机采用电驱动的方式，而传统汽车绝大多数采用的是发动机皮带驱动。新能源汽车在暖风实现的形式上，通常是利用电加热的方式来产生暖风的，电加热的方式有两种：一种是通过加热冷却液，再经过循环为暖风水箱提供热量；另一种是直接加热经过蒸发箱的空气实现暖风。

2．新能源汽车空调制冷系统的组成

新能源汽车空调制冷系统的基本部件除有压缩机外，还有冷凝器、膨胀阀、蒸发器及储液干燥罐等，如图3-1-1所示。

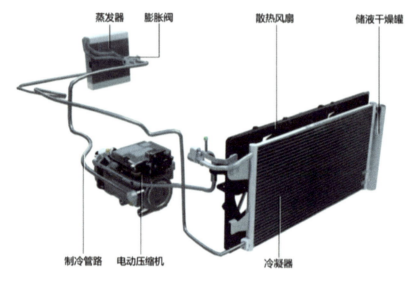

图 3-1-1　空调制冷系统部件

冷凝器是一个热交换器，它的作用是对压缩机排出的高温高压制冷剂蒸气散热降温，使其凝结为液态高压制冷剂。气体状态的载热制冷剂在冷凝器中得到液化或冷凝，制冷剂进入冷凝器时几乎100%为蒸气，当其离开冷凝器时并非为100%的液体，因为仅有一定量的热能在给定时间内由冷凝器排出，少量制冷剂以气态方式离开冷凝器。冷凝器直接安装在散热器的前方，从而可以借助汽车向前行驶和发动机风扇所产生的气流对制冷剂进行充分冷却。

新能源汽车上采用的空调压缩机的驱动通常有以下两种方式：

第一种是压缩机直接由主驱动电机通过皮带驱动，称为非独立式驱动。

第二种是利用单独的小功率电机进行驱动，电机从蓄电池组取电，可以同轴传动，也可以由皮带传动，称为独立式驱动，如图3-1-2所示。

空调制冷系统开关如图3-1-3所示。

空调面板的
使用

图 3-1-2　独立驱动式压缩机

图 3-1-3　空调制冷系统开关

3．空调系统的空气净化方式

（1）空气净化功能。

车内的空气含有人们因呼吸排出的二氧化碳、蒸发的汗液、香烟烟雾，以及从车外进入的灰尘、花粉等污染物，这些污染物不利于驾驶员的身心健康，因此需要净化。

室内空气净化器是一套能去除香烟烟雾、灰尘等，净化车内空气的装置。室内空气净化器利用送风机电机吸入车内的空气，通过过滤器净化空气并吸收气味，如图3-1-4所示。另外，某些车型安装有烟雾传感器，它能检测到香烟烟雾并自动地使送风机电机"高速"运行。

图3-1-4　净化空气

（2）空气滤清器。

空气滤清器过滤从外界进入车厢内部的空气，使空气的洁净度提高，如图3-1-5所示。一般的过滤物质是指空气中所包含的杂质，如微小颗粒物、花粉、细菌、工业废气和灰尘等。空气滤清器的功能是防止这类物质进入空调系统、破坏空调系统，保证车内良好的空气环境，保护车内人员的身体健康。

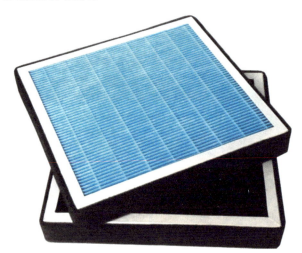

图3-1-5　空气滤清器

4. 新能源汽车空调系统的加热方式

新能源汽车的暖风系统与传统汽车的主要区别在于加热方式不同，下面介绍新能源汽车暖风系统的加热方式。

1）PTC加热器的加热方式

PTC加热器采用PTCR热敏陶瓷元件，由若干单片组合后与波纹散热铝条经高温胶黏结而成，具有热阻小、换热效率高等显著优点，如图3-1-6所示。它的最大特点在于安全性高，即遇风机故障堵转时，PTC加热器因得不到充分散热，功率会自动急剧下降，此时加热器的表面温度维持限定温度（一般为240℃左右），从而不至于产生电热管类加热器表面的"发红"现象，排除了发生事故的隐患，PTC加热器的结构如图3-1-7所示。

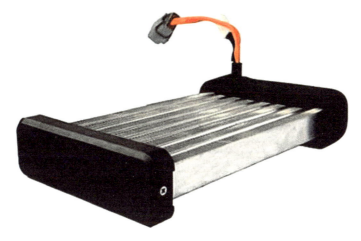

图 3-1-6　PTC 加热器

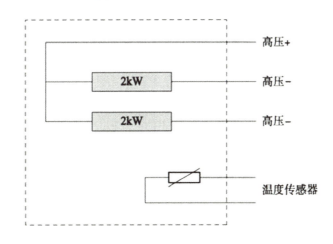

图 3-1-7　PTC 加热器结构示意图

（1）加热器：由2组电热阻丝并联组成，单独控制。

（2）温度传感器：检测加热器本体的温度，控制加热器导通和切断。

（3）熔断器：防止加热器失控发生火灾。

以北汽EV系列电动汽车为例，PTC加热器的结构参数、PTC加热器的控制原理如图3-1-8、图3-1-9所示。点火开关打开后，空调继电器为压缩机控制器、PTC控制器提供电源，PTC控制器根据来自空调面板的暖风请求信号（CANH和CANL）及温度传感器信号，控制PTC加热器工作。

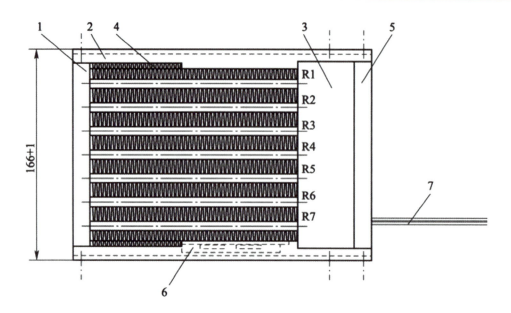

1-左基座；2-上下基座；3-右基座；4-PTC加热器；5-盖板；6-熔断器底座；7-导线

图 3-1-8　PTC 加热器结构参数

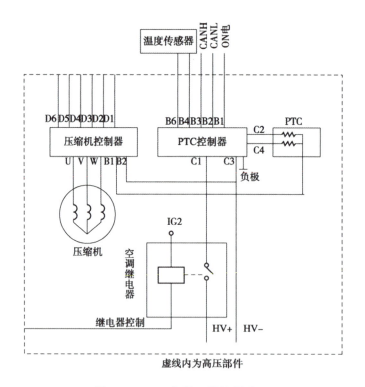

图 3-1-9　PTC 加热器的控制原理

2）加热丝加热冷却液的方式取暖

新能源汽车冷却液的作用一方面是给汽车上容易发热的元件（如电机等）散热，另一方面是在温度较低的情况下提供热能来供驾驶室采暖。纯电动汽车没有传统汽车的发动机，没有了足够的热源，这样一来在温度较低的情况下仅靠汽车上的电器元件工作的热量来加热冷却液是远远不够的，无法给驾驶室提供足够的温度。

为保证在温度较低的情况下，给车内提供足够的温度，冷却液循环系统上安装了一个加热装置，如图3-1-10所示，串联在冷却液循环系统中，用来加热冷却液，使冷却液达到合适的温度。加热器一般包括控温器和限温器。控温器一般都设置在插入水中的金属管内，其最高控制温度一般都设定在合适的温度区间，这样就可保证加热器有较大的蓄热量。为了避免控温器失灵时加热冷却液温度过高，而影响车辆的工作性能，热水器上安装了限温器，其限温值设定在略高于控温器的最高控制温度，一旦加热温度达到设定值，限温器便立即切断电源，避免因加热失控而影响整车性能。

图 3-1-10　冷却液加热装置

加热装置的工作状态如下。

冷却液温度较低时，加热丝导通，如图3-1-11所示。

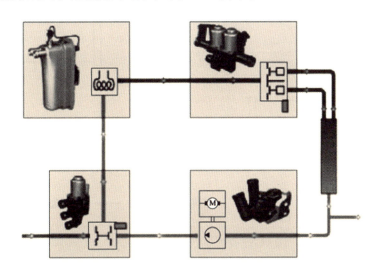

图 3-1-11　冷却液加热装置工作状态（加热丝导通）

冷却液温度较高时，加热丝断开，如图3-1-12所示。

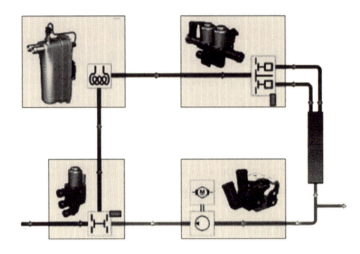

图 3-1-12　冷却液加热装置工作状态（加热丝断开）

3）暖风模式的热泵实现方式

暖风模式的另一种实现方式是热泵。由传动带驱动的直流无刷电机的电动汽车热泵如图3-1-13所示。空调系统的制冷/制热模式由四通换向阀转换，实线箭头表示制冷工况，虚线箭头表示制热工况。从原理上讲，该系统与普通的热泵空调并无区别，但是用于电动汽车上时，专门开发了双工作腔滑片压缩机、直流无刷电机和逆变器控制系统。在热泵工况下，系统从融霜模式转为制热模式时，风道内换热器上的冷凝水将迅速蒸发，在风窗玻璃上结霜，会影响驾驶的安全性。

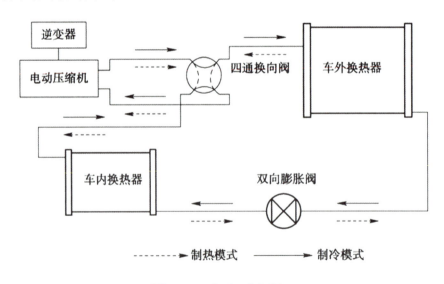

图 3-1-13　热泵工作机制

练习题

1. 填空题

（1）新能源汽车的空调压缩机采用＿＿＿＿＿＿＿＿的方式。

（2）新能源汽车在暖风实现的形式上，通常是利用＿＿＿＿＿＿＿＿的方式来产生暖风的。

（3）汽车空调的通风方式一般有＿＿＿＿＿＿＿、＿＿＿＿＿＿＿两种。

（4）室内空气净化器利用＿＿＿＿吸入车内的空气，并通过过滤器净化空气并吸收气味。

（5）空调滤清器一般安装在空调的＿＿＿＿＿＿＿位置。

（6）纯电动汽车没有传统汽车的发动机，没有了热源，因此需要靠＿＿＿＿＿＿＿＿的热能来采暖。

（7）PTC作为一种新型热敏电阻材料，其主要用途可分为＿＿＿＿＿和＿＿＿＿两大类别。

2. 判断题

（1）传统车型暖风的制热效果比PTC制热效果好。（ ）

（2）PTC温度传感器的信号传递到空调控制器。（ ）

（3）暖风系统工作的好坏不会影响制冷效果的好坏。（ ）

（4）纯电动汽车暖风系统采暖的能量来自发动机的余热。（ ）

（5）某些车型安装有烟雾传感器，它检测香烟烟雾并自动地使送风机电机以"低速"运行。（ ）

3. 不定项选择题

（1）新能源汽车送风系统的组成包括（ ）等。

    A. 鼓风机   B. 风道   C. 风门   D. 出风口

（2）车内的空气含有（ ）、花粉等污染物。

    A. 二氧化碳   B. 蒸发的汗液

    C. 香烟烟雾   D. 从车外进入的灰尘

（3）温度传感器用来检测加热器本体的温度，控制加热器（ ）。

    A. 导通   B. 升温   C. 切断   D. 降温

4. 简答题

（1）请简述新能源汽车制冷系统的组成。

＿＿＿

＿＿＿

（2）空调压缩机的驱动有几种？

＿＿＿

＿＿＿

工作页

任务实施
1．操作规范
（1）车间管理。
新能源汽车的操作车间，除普通车间的安全要求外，还必须放置安全警示标志，避免他人未经允许进入高电压工位而发生危险。
（2）操作人员要求。
新能源汽车的操作人员必须经过规范培训，才能进行操作，并要求持低压电工证上岗。
（3）佩戴个人防护用品。
实训操作前需严格按照规范穿戴安全防护装备，养成安全第一、生命至上的意识。
（4）操作规范。
新能源汽车操作前要检查车辆状况，操作过程中严格按照规范进行，操作后要进行复检，确保车辆恢复原样，逐步引导学生养成求真务实、严谨细致的操作习惯。
2．实训准备
（1）实训分组。
分组进行实训，完成"新能源汽车空调系统认知实践"任务。
（2）工具准备。
无。
（3）设备准备。
新能源汽车。
（4）车辆防护用品。
车内三件套、车外三件套、底盘垫块、车轮挡块。
（5）人员防护用品。
绝缘手套、绝缘安全鞋、护目镜、高压安全帽、非化纤工作服。
（6）辅助资料。
新能源汽车维修资料。

请操作以下项目：

操作项目	名称及位置
在实操车辆上查找空调系统部件	

考核评价					
项目	操作流程	分值	评分标准	扣分	得分
在实操车辆上查找空调系统部件	压缩机在机舱内，由高低压管路连接（不同车型位置有所差别）	10	查找位置正确、功能描述正确10分，查找位置基本正确、功能描述基本正确6分，查找位置不正确、功能描述不正确3分		
	冷凝器及水箱在车辆前部，便于散热（不同车型位置有所差别）	10	查找位置正确、功能描述正确10分，查找位置基本正确、功能描述基本正确6分，查找位置不正确、功能描述不正确3分		
	蒸发箱在驾驶室工作台内（不同车型位置有所差别）	10	查找位置正确、功能描述正确10分，查找位置基本正确、功能描述基本正确6分，查找位置不正确、功能描述不正确3分		
	水泵在机舱冷却液循环管路上（不同车型位置有所差别）	10	查找位置正确、功能描述正确10分，查找位置基本正确、功能描述基本正确6分，查找位置不正确、功能描述不正确3分		
	热交换器在防火墙位置（不同车型位置有所差别）	10	查找位置正确、功能描述正确10分，查找位置基本正确、功能描述基本正确6分，查找位置不正确、功能描述不正确3分		
	鼓风机在驾驶室工作台内（不同车型位置有所差别）	10	查找位置正确、功能描述正确10分，查找位置基本正确、功能描述基本正确6分，查找位置不正确、功能描述不正确3分		
	风道在驾驶室工作台内部，出风口工作台可见（不同车型位置有所差别）	10	查找位置正确、功能描述正确10分，查找位置基本正确、功能描述基本正确6分，查找位置不正确、功能描述不正确3分		
	空调滤清器在风道进风口位置（不同车型位置有所差别）	10	查找位置正确、功能描述正确10分，查找位置基本正确、功能描述基本正确6分，查找位置不正确、功能描述不正确3分		
任务检查	学生任务完成，操作过程规范	10	安全规范操作10分，不安全操作5分		
任务评价	对学生的操作情况进行客观评价	5	熟练操作5分，提示操作3分		
	对学生在任务实施过程的表现进行客观评价	5	态度端正5分，有不文明行为3分		
得分（满分100）					

任务2　底盘系统

一、任务导入

　　作为一名新能源汽车售后服务顾问，在进行售后服务接待时，需要对全车进行检查，其中包括对转向系统和制动系统的检查。如果是你，你能完成这个任务吗？

二、任务目标

知识目标：

- 能够描述新能源汽车转向系统的作用及类型。
- 能够描述新能源汽车制动系统的作用及类型。
- 能够描述新能源汽车转向系统的工作原理。
- 能够描述新能源汽车制动系统的工作原理。
- 能够描述新能源汽车能量回收的原理。

技能目标：

- 能进行新能源汽车转向系统各部件的认知。
- 能进行新能源汽车制动系统各部件的认知。
- 能进行新能源汽车能量回收系统的调整。

素质目标：

- 通过制订工作计划，培养学生的自主能力及团队协作意识（行为目标）。
- 通过工学结合的方式，让学生提前适应工作岗位，能够对表象问题及简单的故障进行分析与排查（行为目标）。
- 通过对转向系统和制动系统的学习，培养学生的动手操作能力，培养学生独立思考及分析问题的职业素养（职业素养目标）。

三、知识链接

1. 转向系统

　　由于纯电动汽车取消了发动机，不能通过发动机驱动液压助力油泵的方式来实现液压助力。因此，大多数纯电动汽车采用电动助力转向（EPS）系统，即在原机械转向系统的基础上安装一个电动机，作为转向的辅助动力，如图3-2-1所示。

图 3-2-1 EPS 系统

EPS系统根据电动机的安装位置不同，又可以分为转向轴助力式、齿轮助力式、齿条助力式3种，如图3-2-2所示。转向轴助力式EPS的电动机固定在转向轴一侧，通过减速机构与转向轴相连，直接驱动转向轴助力转向。齿轮助力式EPS的电动机和减速机构与小齿轮相连，直接驱动齿轮助力转向。齿条助力式EPS的电动机和减速机构则直接驱动齿条提供助力。

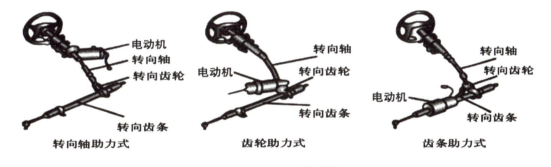

图 3-2-2 EPS 系统类型

1）EPS 系统的组成结构

EPS系统由转向机（含转向柱轴和减速机构等）、电动机、转矩传感器、EPS控制器等部件组成，如图3-2-3所示。EPS控制器根据各传感器输出的信号计算所需的转向助力，并通过功率放大模块控制助力电动机的转动，电动机的输出经过减速机构减速增矩后，驱动齿轮齿条机构产生相应的转向助力。

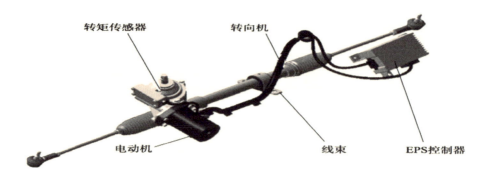

图 3-2-3　EPS 系统的组成

2）EPS 系统的工作原理

转向机与传统的机械转向相同，在转动转向盘的同时，帮助驾驶员用力，以减轻驾驶员转向时的用力程度，使驾驶员开车时轻松、方便。如图3-2-4所示，直流电动机、减速机构和转矩传感器都安装在转向柱轴上，转矩传感器为感应式电阻传感器。

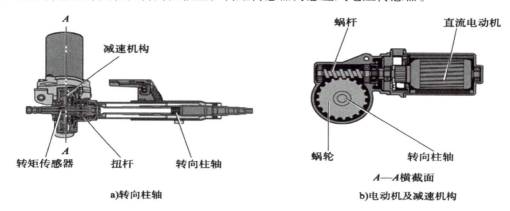

图 3-2-4　EPS 系统的工作原理

（1）减速机构通过蜗杆和蜗轮降低直流电动机的转速并将其传送到转向柱轴，蜗杆由滚珠轴承支承，以减小噪声和摩擦。

（2）EPS系统采用的电动机为小型直流电动机，因此也称DC电动机，可以根据EPS控制器的信号产生转向助力。直流电动机包括转子、定子和电机轴，电动机产生的转矩通过联轴器传到蜗杆，转矩又通过蜗轮传送到转向柱轴。

（3）转矩传感器检测扭力杆的扭曲程度，转换为电信号来计算扭力杆上的转矩，并将信号传输给EPS控制器。

2. 制动系统

1）制动系统概述

制动系统主要由供能装置、控制装置、传动装置和制动器四部分组成。制动系统的主要功能是使行驶中的汽车减速甚至停车、使下坡行驶的汽车速度保持稳定、使已停驶的汽车保持不动。为了保证汽车安全行驶，提高汽车的平均行驶车速，提高运输生产率，在各种类型的汽车上都设有专用制动机构。

　　传统汽车真空助力装置的真空源来自发动机进气歧管，真空度负压一般可达到0.05～0.07MPa。但是纯电动汽车液压制动的辅助动力不再有来自发动机的真空源，仅由人力所产生的制动力无法满足行车制动的需要。为保证行车制动安全，需要单独设计一个电动真空泵来为真空助力器提供真空源。这个助力系统就是电动真空助力系统。电动真空助力系统由真空泵、真空罐、控制器（一般集成在ESC或VCU里），以及与传统汽车相同的真空助力器、12V电源组成，如图3-2-5所示。

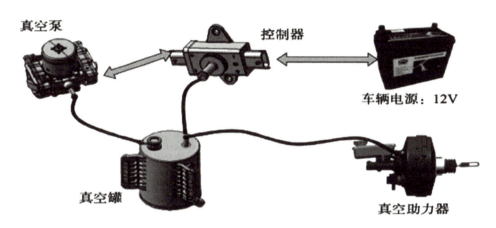

图 3-2-5　电动真空助力系统

　　供能装置、控制装置、传动装置、制动器的作用如下。

　　供能装置——包括供给、调节制动所需的能量，以及改善传能介质状态的各种部件，其中产生制动能量的部分称为制动能源。人的肌体也可作为制动能源。

　　控制装置——包括产生制动动作和控制制动效果的各种部件，如制动踏板、制动阀等。

　　传动装置——包括将制动能量传输到制动器的各个部件，如制动主缸和制动轮缸等。

　　制动器——产生制动摩擦力矩的部件。制动器是具有使运动部件（或运动机械）减速、停止或保持停止状态等功能的装置。

2）制动系统的工作原理

　　制动系统的工作原理如图3-2-6所示。

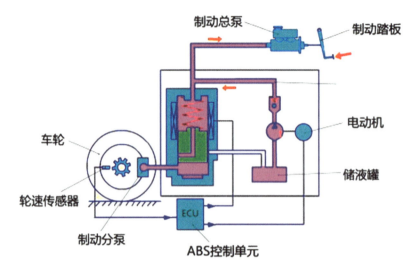

图 3-2-6　制动系统的工作原理

当驾驶员踩下制动踏板时，制动信号传输器记录驾驶员踩踏板的速度和踏板的行程，并将此信号输入中央ECU；中央ECU根据输入信号判断驾驶员需求的减速度，以及每个制动气室需要的制动压力，并向刹车总泵中的刹车油施加压力，液体将压力通过管路传递到每个车轮刹车卡钳的活塞上；活塞驱动刹车卡钳夹紧刹车盘，从而产生巨大摩擦力令车辆减速，实施制动。

3）汽车制动能量回收系统

制动能量回收是纯电动汽车与混合动力汽车的重要技术之一，如图3-2-7所示。在普通内燃机汽车上，当车辆减速、制动时，车辆的运动能量通过制动系统而转变为热能，并向大气中释放。而在纯电动汽车与混合动力汽车上，这种被浪费掉的运动能量已可通过制动能量回收技术转变为电能储存于蓄电池中，并进一步转化为驱动能量。例如，当车辆起步或加速，需要增大驱动力时，电机驱动力成为发动机的辅助动力，使电能得到了有效应用。

图 3-2-7　制动能量回收

能量回收原理：在减速或制动期间，电机转子的电流供应停止。同时，汽车车轮的惯性转动会带动转子转动，进而产生电能。最后，电能将通过电机控制器和高压配电系统储存在汽车动力电池中，如图3-2-8所示。

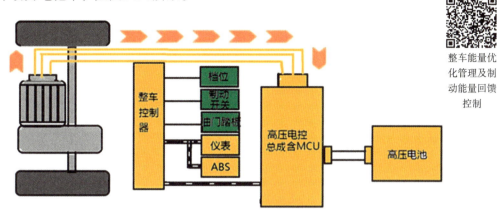

整车能量优化管理及制动能量回馈控制

图 3-2-8　能量回收原理

能量回收模式有两种：一是制动能量回收，通过踩制动踏板来实现能量回收。新能源汽车能量回收增加续航里程，仪表显示负数值（电流）。二是滑行能量回收，即通过控制油门踏板，不踩制动踏板，在一定开度以下根据油门踏板的开度控制能量回收的程度，实现能量回收，它也被称为单踏板控制模式。

练习题

1．填空题

（1）大多数纯电动汽车采用_____转向系统。

（2）转矩传感器检测扭力杆的扭曲程度，转换为_____来计算扭力杆上的转矩，并将信号传输给_____。

（3）转向控制器在上电_____ms内完成自检，上电_____ms后可以与CAN总线交互信息，上电_____ms后输出转向故障和转向状态信息，上电_____ms后输出控制系统版本信息。

（4）电动真空助力系统由_____、_____、控制器（一般集成在ESC或VCU里），以及与传统汽车相同的真空助力器、12V电源组成。

（5）EHB用_____取代传统液压制动系统中的助力器、压力调节器和ABS模块。

2．判断题

（1）电动机、减速机构和转矩传感器都安装在转向柱轴上，转矩传感器为感应式电阻传感器。（　　）

（2）减速机构通过蜗杆和蜗轮降低直流电动机的转速并将其传送到转向柱轴。（　　）

（3）电动助力转向控制系统，EPS控制器根据各传感器（不包括车速传感器）发出的信号，启动转向柱上的电动机，提供转向助力。（　　）

（4）制动系统的主要功能是使行驶中的汽车减速甚至停车、使下坡行驶的汽车速度保持稳定、使已停驶的汽车保持不动。（　　）

（5）制动器是具有使运动部件（或运动机械）减速、停止或保持停止状态等功能的装置。（　　）

3. 不定项选择题

（1）电动助力转向系统根据电动机的安装位置不同，又可以分为（　　）。

    A. 转向轴助力式　B. 齿轮助力式　　　C. 齿条助力式　　　D. 蜗轮蜗杆

（2）电动助力转向系统由（　　）等部件组成。

    A. 转向机　　　　B. 电动机　　　　　C. 转矩传感器　　　D. EPS 控制器

（3）制动系统主要由（　　）组成。

    A. 供能装置　　　B. 控制装置　　　　C. 传动装置　　　　D. 制动器

（4）在纯电动汽车与混合动力汽车上，这种被浪费掉的运动能量已可通过制动能量回收技术转变为（　　）。

    A. 机械能　　　　B. 电能　　　　　　C. 化学能　　　　　D. 使能

（5）新能源汽车能量回收增加续航里程，仪表显示（　　）电流。

    A. 无　　　　　　B. 不确定　　　　　C. 正值　　　　　　D. 负值

4. 简答题

请简述制动能量回收系统的工作原理。

_____

_____

_____

_____

工作页

任务实施
1．操作规范
（1）车间管理。
新能源汽车的操作车间，除普通车间的安全要求外，还必须放置安全警示标志，避免他人未经允许进入高电压工位而发生危险。
（2）操作人员要求。
新能源汽车的操作人员必须经过规范培训，才能进行操作，并要求持低压电工证上岗。
（3）佩戴个人防护用品。
实训操作前需严格按照规范穿戴安全防护装备，养成安全第一、生命至上的意识。
（4）操作规范。
新能源汽车操作前要检查车辆状况，操作过程中严格按照规范进行，操作后要进行复检，确保车辆恢复原样，逐步引导学生养成求真务实、严谨细致的操作习惯。
2．实训准备
（1）实训分组。
分组进行实训，完成"新能源汽车底盘系统认知"操作。
（2）工具准备。
无。
（3）设备准备。
新能源汽车。
（4）车辆防护用品。
车内三件套、车外三件套、底盘垫块、车轮挡块。
（5）人员防护用品。
绝缘手套、绝缘安全鞋、护目镜、高压安全帽、非化纤工作服。
（6）辅助资料。
新能源汽车维修资料。

请操作以下项目：

序号	操作项目	内容
1	在实操车辆上指出制动系统的组成部件	
2	描述电动助力转向系统的组成	

考核评价					
项目名称	内容	分值	评分标准	扣分	得分
制动系统的组成部件	找到制动控制总泵	10	查找位置正确、功能描述正确10分，查找位置基本正确、功能描述基本正确7分，查找位置不正确、功能描述不正确4分		
	找到制动系统分泵	15	查找位置正确、功能描述正确15分，查找位置基本正确、功能描述基本正确8分，查找位置不正确、功能描述不正确4分		
	找到制动油管线路分布	15	查找位置正确、功能描述正确15分，查找位置基本正确、功能描述基本正确8分，查找位置不正确、功能描述不正确4分		
	画出制动能量回收的能量流动线路	10	正确10分，基本正确7分，不正确4分		
电动转向助力系统的组成	找到转向电机控制器	10	查找位置正确、功能描述正确10分，查找位置基本正确、功能描述基本正确7分，查找位置不正确、功能描述不正确4分		
	找到转向电机	20	查找位置正确、功能描述正确20分，查找位置基本正确、功能描述基本正确10分，查找位置不正确、功能描述不正确4分		
任务检查	学生任务完成，操作过程规范	10	安全规范操作10分，不安全操作5分		
任务评价	对学生的操作情况进行客观评价	5	熟练操作5分，提示操作3分		
	对学生在任务实施过程中的表现进行客观评价	5	态度端正5分，有不文明行为3分		
得分（满分100）					

项目四　新能源汽车动力电池与驱动电机认知

任务 1　动力电池

一、任务导入

作为一名新能源汽车售后维修技师，当车辆出现行驶异常，仪表动力电池指示灯点亮时，你知道车辆出现了什么故障吗？

二、任务目标

知识目标：

- 能够描述新能源汽车动力电池的作用及类型。
- 能够描述新能源汽车动力电池的工作原理。

技能目标：

- 能进行新能源汽车动力电池的结构认知。

素质目标：

- 通过制订工作计划，培养学生的自主能力及团队协作意识（行为目标）。
- 通过工学结合的方式，让学生提前适应工作岗位，能够对新能源汽车动力电池的故障进行分析及排除（行为目标）。
- 通过对动力电池的学习，培养学生的动手操作能力，以及独立思考问题、清晰分析问题的职业素养（职业素养目标）。

动力电池系统低压引脚定义

三、知识链接

1. 动力电池系统

1）动力电池的作用

动力电池的作用是接收和储存由车载充电机、发电机、制动能量回收装置或外置充电装置提供的高压直流电，并且为新能源汽车提供高压直流电。

动力电池是新能源汽车的核心部件，也是新能源汽车上价格最高的部件之一，动力电池的性能好坏直接决定了这辆车的实际价值。

2）动力电池的类型

新能源汽车上所使用的动力电池种类繁多，外形差别较大，按其工作性质和使用特征的不同可分为一次电池、二次电池、储备电池和燃料电池等，其中储备电池和燃料电池属于特殊的一次电池。

目前，市场上主流的动力电池主要有铅酸电池、镍氢电池、锂电池。

（1）铅酸电池。

铅酸电池一般用作传统汽车的启动蓄电池，或者在一些价格较便宜的低速纯电动汽车上使用，其中纯电动汽车上用得较多的是铅酸电池中的一种胶体电池，它与普通铅酸电池的区别在于胶体电池内的电解液采用了胶体材料吸附技术，一般用超细玻璃纤维棉吸附原来铅酸电池中的电解液，然后放置于电池极板之间。胶体电池在与普通铅酸电池体积相同的情况下，能够存储的电量比普通铅酸电池约多20%。此外，胶体电池的寿命也比普通铅酸电池长。铅酸电池与胶体电池的外形如图4-1-1所示。

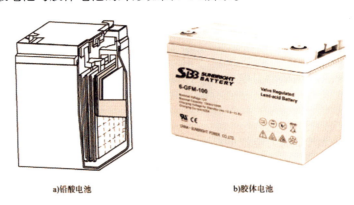

a)铅酸电池　　　　　　　　　　　　b)胶体电池

图4-1-1　铅酸电池与胶体电池

动力电池的类型和特点

动力电池系统的组成部件、功能及电路原理

（2）镍氢电池。

镍氢电池是正极活性物质主要由镍制成，负极活性物质主要由储氢合金制成的一种碱性电池，如图4-1-2所示。在20世纪80年代，市场上出现了两种类型的镍氢电池，即高压镍氢电池和金属氢化物镍电池，由于镍氢电池的安全可靠性，早期很多纯电动汽车采用了该类电池。

锂离子电池
的工作原理

图 4-1-2　镍氢电池

（3）锂电池。

锂电池是一类由锂金属或锂合金为负极材料、使用非水电解质溶液的电池，如图4-1-3所示。锂电池大致可分为两类：锂金属电池和锂离子电池。锂电池最早出现在20世纪90年代，发展到现在以锂离子为基础有多种形式的电池，如液态锂离子电池、聚合物锂离子电池等。在早期，锂离子电池主要用于笔记本电脑、手机等电器上。随着电池技术的进步，很多新能源汽车也陆续采用锂离子电池了。例如，特斯拉采用的是18650锂电池，18650即指电池的直径为18mm，长度为65mm，形状为圆柱形。

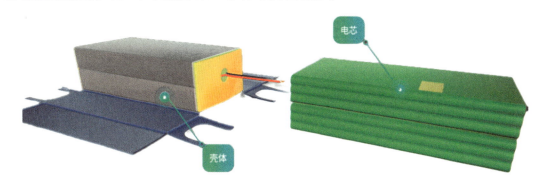

图 4-1-3　锂电池

磷酸铁锂电池，如图4-1-4所示，是一种使用磷酸铁锂作为正极材料，碳作为负极材料的锂离子电池，单体额定电压为3.2V，充电截止电压为3.6V～3.65V。

在充电过程中，磷酸铁锂中的部分锂离子脱出，经电解质传递到负极，嵌入负极碳材料；同时从正极释放出电子，自外电路到达负极，维持化学反应的平衡。在放电过程中，锂离子自负极脱出，经电解质到达正极，同时负极释放电子，自外电路到达正极，为外界提供能量。磷酸铁锂电池具有工作电压高、能量密度大、循环寿命长、安全性能好、自放电率小、无记忆效应的优点。

图 4-1-4　磷酸铁锂电池

动力电池内
部放电原理

3）动力电池的结构

动力电池的结构如图4-1-5所示。

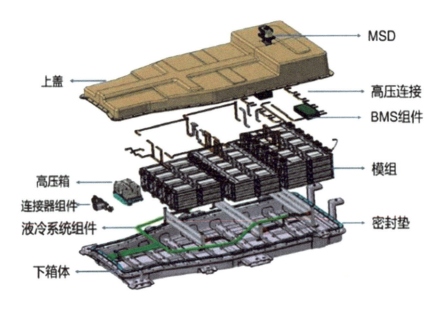

图 4-1-5　动力电池的结构

（1）动力电池模组（电芯单体）。

实现化学能和电能相互转化的基本单元，由正极、负极、隔板、电解液、电池槽、电池盖和极柱等组成。

（2）BMS：BMS组件、监控单元、主控单元。

BMS（电池管理系统）基本的功能是监控与动力电池自身安全运行相关的状态参数（如动力电池的电压、电流和温度）、预测动力系统优化控制有关的运行状态参数（SOC、SOH）和相应的剩余行驶里程、进行与工作环境适应性有关的热管理等。进行动力电池管理以避免出现过放电、过充电、过热和单体电池之间电压严重不平衡现象，最大限度地利用动力电池的存储能力和循环寿命。

如图4-1-6所示，BMS的结构包括：

① CSC采集系统：每个模组有一个CSC采集系统，以监测其中每个电池单体电压和模组温度信息，并将电池单体电压及模组温度信息上报给电池控制单元（BMU）。

② BMU：安装于动力电池总成内部，是BMS的核心部件，BMU将单体电压、电流、温度及整车高压绝缘等信息上报给整车控制器（VCU），并根据VCU的指令完成对动力电池的控制。

③ 电池高压分配单元：安装在动力电池的正负极输出端，由主正继电器、主负继电器、预充继电器、充电继电器、电流传感器和预充电阻等组成。

电池管理系统的功能介绍

动力电池系统的作用

动力电池内部电路图分析

图 4-1-6 BMS 的结构

（3）结构件：上盖、下箱体、密封垫，其主要功能包括帮助电池通风散热、使电池绝缘与防水、保护电池免受碰撞。

（4）高低压线束：连接器组件、MSD（手动维修开关）、高压箱；将MSD设计在电池包主回路中，内置高压保险丝及高压互锁功能。在外部短路时，保险丝切断高压回路；需要手动断开高压时，高压互锁先断开，然后再断开高压回路。MSD的设计要求还应该包括使用温度范围、带载切断能力、耐化学腐蚀、机械强度可靠性等功能要求。

（5）热管理组件：冷却系统、热管理系统等。

冷却系统一般都是安装在电池模块附近的，原理和空调的制冷原理相似，冷却系统通过管路和单个电池模块相连，管路里循环流动冷却液（一般是乙二醇），将单个电池模块的热量带走，冷却系统将乙二醇制冷，多余热量通过风扇排到外界，而乙二醇再次循环进入电池模块，继续吸收电池散发的热量。

练习题

1. 填空题

（1）动力电池的作用是接收和储存由＿＿＿＿＿＿、＿＿＿＿＿＿、＿＿＿＿＿或外置充电装置提供的高压直流电，并且为新能源汽车提供高压直流电。

（2）应用在新能源汽车上的储能技术主要是电化学储能技术，即＿＿＿＿＿、＿＿＿＿＿＿、＿＿＿＿＿＿等电池储能技术。

（3）燃料电池是只要活性物质连续地注入电池就能长期不断地进行＿＿＿＿的一类电池。

（4）18650锂离子电池，18650即指电池的直径为＿＿＿＿＿＿mm，长度为＿＿＿＿＿＿mm，形状为圆柱形。

（5）动力新能源结构系统主要由电池＿＿＿＿＿＿、＿＿＿＿＿＿、＿＿＿＿＿＿、＿＿＿＿＿＿和螺栓组成。

（6）BMS与新能源汽车的动力电池紧密结合在一起，对动力电池的＿＿＿＿＿＿、＿＿＿＿＿、温度进行时刻检测。

2. 判断题

（1）一次电池是指放电后不能用充电的方法使它复原的电池，这种类型的电池只能使用一次。（　　　）

（2）二次电池是指放电后可用充电的方法使活性物质复原而能再次放电，且可反复多次循环使用的电池。（　　　）

（3）铅酸电池一般用作传统汽车的启动蓄电池，或者在一些价格较便宜的低速纯电动汽车上使用。（　　　）

（4）电池充放电的过程实际上就是化学反应的过程。（　　　）

3. 不定项选择题

（1）新能源汽车上所使用的动力电池，按其工作性质和使用特征的不同可分为（　　　）。

  A. 一次电池 B. 二次电池   C. 储备电池   D. 燃料电池

（2）目前市场上主流的动力电池主要有（　　　）。

  A. 铅酸电池 B. 镍氢电池   C. 锂离子电池   D. 干电池

（3）热管理系统主要由（　　　）组成。

  A. 冷却板   B. 冷却水管   C. 隔热垫   D. 导热垫

（4）锂离子电池本身就具有（　　　）的特点。

  A. 小型化   B. 轻量化   C. 高电压化   D. 稀有化

（5）常见的BMS的功能主要包括（　　　）、数据通信、安全管理、能量管理（包括动力电池电量均衡功能）和故障诊断。

  A. 数据采集 B. 数据显示   C. 状态估计   D. 热管理

工作页

任务实施
1．操作规范
（1）车间管理。
新能源汽车的操作车间，除普通车间的安全要求外，还必须放置安全警示标志，避免他人未经允许进入高电压工位而发生危险。
（2）操作人员要求。
新能源汽车的操作人员必须经过规范培训，才能进行操作，并要求持低压电工证上岗。
（3）佩戴个人防护用品。
实训操作前需严格按照规范穿戴安全防护装备，养成安全第一、生命至上的意识。
（4）操作规范。
新能源汽车操作前要检查车辆状况，操作过程中严格按照规范进行，操作后要进行复检，确保车辆恢复原样，逐步引导学生养成求真务实、严谨细致的操作习惯。
2．实训准备
（1）实训分组。
分组进行实训，完成"新能源汽车动力电池认知实践"任务。
（2）工具准备。
无。
（3）设备准备。
新能源汽车。
（4）车辆防护用品。
车内三件套、车外三件套、底盘垫块、车轮挡块。
（5）人员防护用品。
绝缘手套、绝缘安全鞋、护目镜、高压安全帽、非化纤工作服。
（6）辅助资料。
新能源汽车维修资料。

请操作以下项目：

序号	项目	内容
1	请写出动力电池按其工作性质和使用特征的不同可分为哪些	
2	请写出动力电池管理系统的基本功能	
3	请简述动力电池的控制系统	

任务 2　驱动电机

一、任务导入

　　作为一名新能源汽车售后维修技师，当车辆出现行驶异常，仪表功率限制指示灯点亮时，你知道车辆出现了什么故障吗？

二、任务目标

知识目标：

- 能够描述新能源汽车驱动电机的作用及特点。
- 能够描述新能源汽车驱动电机管理系统的概念。
- 能够描述新能源汽车驱动电机管理系统的原理及控制策略。

技能目标：

- 能进行新能源汽车驱动电机的分类。
- 能理解新能源汽车电机控制器的功能。

素质目标：

- 通过制订工作计划，培养学生的自主能力及团队协作意识（行为目标）。
- 通过工学结合的方式，让学生提前适应工作岗位，能够对新能源汽车驱动系统故障进行分析及排除（行为目标）。
- 通过对驱动电机的学习，培养学生的动手操作能力，以及独立思考问题、清晰分析故障的职业素养（职业素养目标）。

1．驱动电机

1）驱动电机的作用及特点

　　驱动电机也称为动力电机或驱动电动机，可向外输出转矩，驱动汽车前进或后退；同时也可以作为发电机发电（例如，在高坡下滑、高速滑行以及制动过程中把势能或动能通过电机转化为电能），它是一种将电能转化成机械能，并可以再使机械能产生动能，用来驱动其他装置的电气设备。

　　驱动电机的特点：

　　（1）体积小，质量轻，功率密度大；

　　（2）效率高，高效区广；

驱动电机系统概述

（3）高安全性、舒适性。

2）驱动电机的类型

按照电机电源供给进行分类，驱动电机主要包括以下几种类型，如表4-2-1所示。

表 4-2-1　驱动电机的类型

项目	直流电机	交流异步电机	永磁同步电机	开关磁阻电机
效率（%）	80%～87%	90%～92%	95%～97%	78%～92%
功率密度	低	中等	更高	高
尺寸和重量	大、重	中、中	小、轻	小、轻
可靠性	好	很好	很好	很好
可控性	很好	好	很好	好
综合评价	差	好	最好	很好

（1）直流电机。

直流电机是指将直流电能转换为机械能的电机，如图4-2-1所示。因其良好的调速性能而在电力拖动中得到广泛应用。直流电机按励磁方式分为永磁、他励和自励3类，其中自励又分为并励、串励和复励3种。

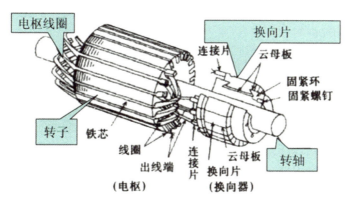

无刷直流电机

图 4-2-1　直流电机

当直流电源通过电刷向电枢绕组供电时，电枢表面的N极下导体可以流过相同方向的电流，根据左手定则，导体将受到逆时针方向的力矩作用；电枢表面S极下部分导体也流过相同方向的电流，同样根据左手定则，导体也将受到逆时针方向的力矩作用。这样，整个电枢绕组即转子将按逆时针旋转，输入的直流电能就转换成转子轴上输出的机械能。定子：基座、主磁极、换向极、电刷装置等。转子（电枢）：电枢铁心、电枢绕组、换向器、转轴和风扇等。

（2）交流异步电机。

交流异步电机是一种将电能转化为机械能的电力拖动装置，由气隙旋转磁场与转子绕组感应电流相互作用产生电磁转矩，从而实现机电能量转换为机械能量的一种交流电机，如图4-2-2所示。

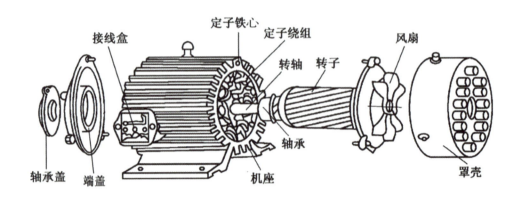

图 4-2-2　交流异步电机

交流异步电机主要由定子、转子和它们之间的气隙构成。当定子绕组接通三相交流电源后，产生旋转磁场并切割转子，获得转矩。三相交流异步电机具有结构简单、运行可靠、价格便宜、过载能力强，以及使用、安装、维护方便等优点，被广泛应用于各个领域。

（3）永磁同步电机。

以永磁体提供励磁，使电机结构较为简单，降低了加工和装配费用，且省去了容易出问题的集电环和电刷，提高了电机运行的可靠性；又因无须励磁电流，没有励磁损耗，提高了电机的效率和功率密度。

永磁同步电机由定子、转子和端盖等部件构成。定子与普通感应电机基本相同，采用叠片结构以减小电机运行时的铁耗。转子可做成实心，也可用叠片叠压。电枢绕组可采用集中整距绕组，也可采用分布短距绕组和非常规绕组。

永磁同步电机，最高功率为120kW（163Ps），最大扭矩为250N·m。当三相交流电被接入到定子线圈中时，即产生了旋转的磁场，这个旋转的磁场牵引转子内部的永磁体，产生和旋转磁场同步的旋转扭矩。使用旋转变压器检测转子的位置，使用电流传感器检测线圈的电流，从而控制驱动电机的扭矩输出，如图4-2-3所示。

异步电机

永磁同步电机

永磁同步电机的结构及工作原理

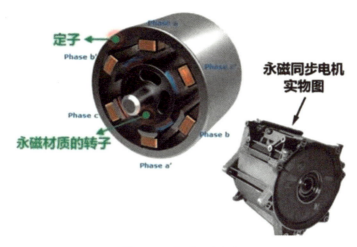

图 4-2-3　永磁同步电机

（4）开关磁阻电机。

开关磁阻电机是继直流电机、无刷直流电机之后发展起来的一种调速电机，如图4-2-4所示，目前广泛应用于家用电器、航空、航天、电子、机械及新能源汽车等领域。

开关磁阻电机是一种新型调速电机，它的结构简单坚固、调速范围宽、系统可靠性高。完整系统主要由电机实体、功率变换器、控制器与位置检测器等部分组成。控制器内包含功率变换器和控制电路，而转子位置检测器则安装在电机的一端。

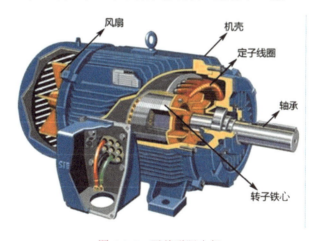

开关磁阻电机

轮毂电机

图 4-2-4　开关磁阻电机

2. 驱动电机管理系统

1）驱动电机管理系统的概念

驱动电机管理系统也就是电机控制器，它是连接电机与电池的神经中枢，用来调校整车的各项性能，足够智能的电机控制器不仅能保障车辆的基本安全及精准操控，还能让电池和电机发挥出充足的实力，如图4-2-5所示。

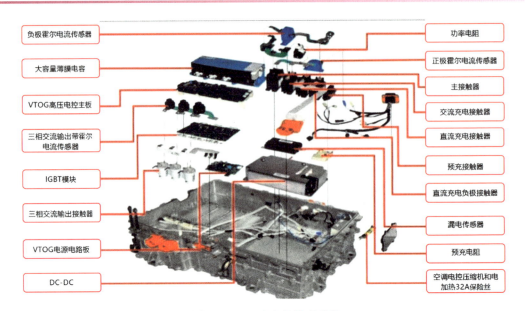

图 4-2-5　驱动电机管理系统

电机控制器的核心，便是对驱动电机的控制。动力单元的提供者——动力电池所提供的是直流电，而驱动电机所需要的，则是三相交流电。因此，电机控制器所要实现的，便是在电力电子技术上称之为逆变的一个过程，即将动力电池端的直流电转换成电机输入侧的交流电。为实现逆变过程，电控单元需要直流母线电容、IGBT（绝缘栅双极型晶体管）等组件来配合一起工作。当电流从动力电池端输出之后，首先需要经过直流母线电容用以消除谐波分量，之后，通过控制IGBT的开关及其他控制单元的配合，直流电被最终逆变成交流电，并作为驱动电机的输入电流。通过控制驱动电机三相输入电流的频率，以及配合驱动电机上转速传感器与温度传感器的反馈值，电机控制器最终实现对驱动电机的控制，如图4-2-6所示。

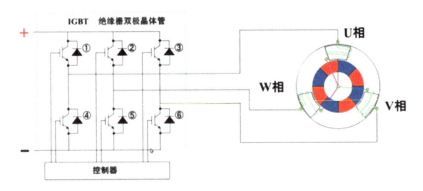

图 4-2-6　电机控制器的整流电路原理

2）电机控制器的功能

（1）控制驱动电机正反向驱动、正反转发电。

（2）控制驱动电机的动力输出，同时对驱动电机进行保护。

（3）通过CAN总线与其他控制模块通信，接收并发出相关信号，间接地控制车上相关系统，使之正常运行。

（4）制动能量回馈控制。

（5）自身内部故障的检测与处理。

（6）最高工作转速，在额定电压时，运行所能达到的最高转速。

（7）半坡起步功能。

（8）防止电机飞车。

（9）采集P挡、R挡、N挡、D挡位信号。

（10）采集油门深度传感器和刹车深度传感器信号。

驱动电机系统
及发电模式

3）绝缘栅双极晶体管的控制原理

绝缘栅双极晶体管（IGBT）被认为是新能源汽车的核心技术之一，如图4-2-7所示。它的作用是进行交流电和直流电的转换，同时还承担电压的高低转换。另外，也将电机回收的交流电流转换成可供蓄电池充电的电流。

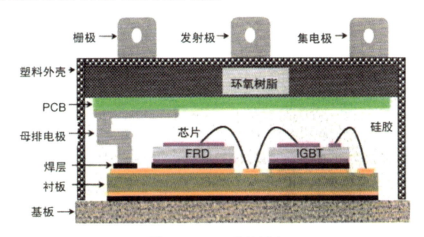

电机及控制
系统

图 4-2-7　IGBT 的控制原理

高压动力电池组和驱动电机的正负极分别与IGBT模块的输入端及输出端连接，IGBT的输出电压由主控制器向其输入的PWM（脉冲宽度调制）信号控制。在控制器运行过程中，主控制器通过采集、分析加速踏板、制动踏板、车速等传感器信号来进行驱动电机电压的输出控制，输出方式是将PWM信号传递到IGBT模块，通过采集驱动电机电压、驱动电机电流、驱动电机和IGBT模块的温度等反馈信号进行系统的过流、过压、过热保护。

4）驱动系统控制策略

新能源汽车在行驶过程中，驾驶员根据实际行驶工况的需要，通过操作加速踏板、制动踏板、变速器操纵杆来控制汽车的车速。在不考虑换挡的情况下，加速踏板的信号就代表驾驶员的指令，因此汽车的车速实际上是通过驾驶员实现广义的车速闭环控制来实现的。

用加速踏板信号代表驾驶员期望车速的控制系统，称为车速控制系统。如安装车速传感器检测车速，并将与期望车速相比较构成反控制的系统称为车速单闭环控制系统。双闭环控制系统具有比较满意的动态性能，加速踏板位置直接代表驾驶员的期望车速，更加直观和便于理解；启动加速好，动力性能好。

练习题

1. 填空题

（1）驱动电机的特点是_____、_____、_____、_____、质量轻、高安全性与舒适度。

（2）通过控制驱动电机三相输入电流的频率以及配合驱动电机上_____与温度传感器的反馈值，电机控制器最终实现对_____的控制。

（3）IGBT的作用是进行_____和_____转换，同时还承担电压的_____转换功能。

（4）IGBT的输出电压由主控制器向其输入的_____信号控制。

（5）在制动时与液压制动器同时控制再生制动器，完美地将原来在减速中作为摩擦热散失的动能回收为_____用能量。

2. 判断题

（1）特斯拉使用的是三相感应电机。（　　）

（2）电机控制器的核心，便是对驱动电机的控制。（　　）

（3）电机控制器将动力电池端的直流电转换成驱动电机输入侧的交流电。（　　）

（4）电机控制器不可以控制驱动电机正反向驱动、正反转发电。（　　）

（5）电机控制器控制驱动电机的动力输出，同时对驱动电机进行保护。（　　）

3. 不定项选择题

（1）按照电机电源供给进行的分类，可以分为（　　）。

  A．直流电机　　　B．交流电机　　　　C．特殊波形电机　　　D．启动机

（2）驱动电机控制器采集（　　）位信号。

  A．P挡　　　　　B．R挡　　　　　　C．N挡　　　　　　　D．D挡

（3）主控制器通过采集分析（　　）等传感器信号来进行电机电压的输出控制。

  A．加速踏板　　　B．制动踏板　　　　C．车速　　　　　　　D．温度

工作页

任务实施

1．操作规范

（1）车间管理。

新能源汽车的操作车间，除普通车间的安全要求外，还必须放置安全警示标志，避免他人未经允许进入高电压工位而发生危险。

（2）操作人员要求。

新能源汽车的操作人员必须经过规范培训，才能进行操作，并要求持低压电工证上岗。

（3）佩戴个人防护用品。

实训操作前需严格按照规范穿戴安全防护装备，养成安全第一、生命至上的意识。

（4）操作规范。

新能源汽车操作前要检查车辆状况，操作过程中严格按照规范进行，操作后要进行复检，确保车辆恢复原样，逐步引导学生养成求真务实、严谨细致的操作习惯。

2．实训准备

（1）实训分组。

分组进行实训，完成"新能源汽车驱动系统认知实践"任务。

（2）工具准备。

无。

（3）设备准备。

新能源汽车。

（4）车辆防护用品。

车内三件套、车外三件套、底盘垫块、车轮挡块。

（5）人员防护用品。

绝缘手套、绝缘安全鞋、护目镜、高压安全帽、非化纤工作服。

（6）辅助资料。

新能源汽车维修资料。

请操作以下项目：

序号	操作项目	内容
1	查看实训车辆驱动电机类型	
2	写出电机控制器的功能	

附　录　新能源汽车术语、部件名称认知

随着新能源汽车的不断发展，产生了很多新能源汽车相关的专用名词，整理归类如下。

1. 整车类

混合动力汽车（Hybrid Electric Vehicle）：简称HEV，狭义的混合动力，指的是油电混合动力汽车，即采用传统的内燃机和电机作为动力源，也有的发动机经过改造使用其他替代燃料，如压缩天然气、丙烷和乙醇燃料等。

纯电动汽车（Battery Electric Vehicle）：简称BEV，是指以电力作为驱动动力，用电机驱动车轮行驶，符合道路交通、安全法规各项要求的车辆。

燃料电池汽车（Fuel Cell Electric Vehicle）：简称FCEV，是一种用车载燃料电池装置产生的电力作为动力的汽车。

插电式混合动力汽车（Plug-in Hybrid Electric Vehicle）：简称PHEV，是新型的混合动力汽车，区别于传统汽油动力与电驱动结合的混合动力，插电式混合动力驱动原理、驱动单元与纯电动车相同，唯一不同的是车上装有一台发动机。

纯内燃机驱动（Internal Combustion Engine）汽车：简称ICE，100%的动力能源来自内燃机输出。

液化石油气（Liquefied Petroleum Gas）汽车：简称LPG，以液化石油气为燃料的汽车。

2. 蓄电池类

1）描述电池特性的相关术语及定义

活性物质（Active Material）：是指正负极中参加成流反应的物质，能通过化学反应产生电能的材料。

开路电压（Open Circuit Voltage）：当电池没有负电荷时，即未充放电时正负极两端的端电压，单位为伏（V）。

标称电压（Nominal Voltage）：表示或识别一种电池的适当的电压近似值，也称为额定电压。

工作电压（Working Voltage）：电池在工作时（有负荷）正负极两端的端电压，也叫闭路电压（Closed Circuit Voltage）。工作电压的具体值与电池体系、工作电流（倍率）、工作温度、充电条件有关。

终止电压（End Voltage）：电池放电或充电时，所规定的最低放电时间或最高的充电电压。

荷电保持能力：在开路状态下，电池所储存的电量在一定条件下的保持能力，又称自放电率。

恒流充电（Constant Current Charge）：在恒定的电流下，将充电电池进行充电的过程，一般设置终止电压，当电压到达该值时，充电过程结束。

恒压充电（Constant Voltage Charge）：在恒定的电压下，将充电电池进行充电的过程，一般而言，该恒定的电压为充电终止电压，一般设置终止电流，当电流小于该值时，充电过程结束。

放电（Discharge）：电流从电池流经外部电路的过程，此时化学能转换为电能。

放电特性（Discharge Characteristic）：电池放电时所表现出来的特性，如放电曲线、放电容量、放电率、放电深度、放电时间等。

放电曲线（Discharge Curve）：电池放电时其电压随时间的变化曲线。

放电容量（Discharge Capacity）：电池放电时输出的总电荷量，通常用安时（A·h）或毫安时（mA·h）来表示。

放电速率（Discharge Rate）：表示放电快慢的一种量度。所用的容量1h放电完毕，称为1C放电；5h放电完毕，则称为C/5放电。

放电深度（Depth of Discharge）：表示电池放电程度的一种量度，为放电容量与额定容量的比值，单位为%。例如，80% DOD，是指放电时放出额定容量的80%停止。

持续放电时间（Duration Time）：电池在一定的外部负荷下，在规定的终止电压前所放电时间之和。

库仑效率（Coulombic Efficiency）：在一定的充放电条件下，放电时释放出来的电荷与充电时充入的电荷的百分比，也称为放电效率。

利用率（Utilization）：实际放电容量与理论容量的百分比。

内阻（Internal Resistance）：电池在工作时，电流流过电池内部所受到的阻力，它包括欧姆内阻和极化内阻，极化内阻又包括电化学极化内阻和浓差极化内阻。

漏液（Liquid Leakage）：电解液从电池流出的现象。

内部短路（Internal Shortage）：电池内部正极和负极形成电通路时的状态，主要是由于隔膜的破坏、混入导电性杂质、形成枝晶等造成的。

过放电（Over Discharge）：超过规定的终止电压在低于终止电压时继续放电，此时容易发生漏液或电池的使用寿命受到影响。

自放电（Self Discharge）：电池在搁置过程中，没有与外部负荷相连接而产生容量损失的过程。

存储寿命（Shelf/Storage Life）：电池在没有负荷的一定条件下进行放置以达到性能劣化到规定的程度时所能放置的时间。

循环寿命（Cycle Life）：在一定条件下，将充电电池进行反复充放电，当容量等电池性能达到规定的要求以下时所能发生的充放电次数。

日历寿命（Calendar Life）：电池在使用及搁置条件下，达到性能劣化到规定的程度所需要的时间。

能量型蓄电池（High Energy Density Battery）：以高能量密度为特点，主要用于高能量输出的蓄电池。

功率型蓄电池（High Power Density Battery）：以高功率密度为特点，主要用于瞬间高功率输出、输入的蓄电池。

容量恢复能力（Charge Recovery）：蓄电池在一定温度下，储存一定时间后再进行充电，其后放电容量与额定容量之比。

充电终止电流（End-of-Charge Current）：在指定恒压充电时，蓄电池终止充电时的电流。

镍氢电池（Nickel Metal-Hydride Battery）：以氢氧化亚镍为正极、稀土储氢合金为负极、氢氧化钾水溶液为电解液的一种二次电池。

2）描述电池容量的相关术语及定义

容量：电池在一定的放电条件下所能释放出的电量。

理论容量：假设电极活性物质全部参加电池的成流反应所能提供的电量。

实际容量：指电池在一定的放电条件下实际放出的电量，它等于放电电流与放电时间的乘积，实际容量的计算方法：容量=放电电池（恒流）×放电时间（小时）。

额定容量：指设计和制造电池时，按照国家或相关部门颁布的标准，保证电池在一定的放电条件下能够放出的最低限度的电量。

标称容量：用来鉴别电池适当的近似容量，一般指0.2C放电时的放电容量。

比容量：单位质量或单位体积的电池所能够给出的电量，相应称为质量比容量和体积比容量。

电池的能量：指在一定放电制度下，电池所能输出的电能，通常用瓦时（W·h）表示。

理论能量：假设电池在放电过程中始终处于平衡状态，其放电电压保持电动势的数值，活性物质的利用率为100%，此条件下电池所输出的能量为理论能量。

实际容量：在电池放电时实际输出的能量，在数值上等于电池实际容量与平均输出电压的乘积。

比能量：单位质量或单位体积电池所能输出的能量。

功率：电池在一定放电制度下，单位时间内输出的能量，单位为瓦（W）或千瓦（kW）。

比功率：单位质量或单位体积电池输出的功率，比功率的大小表征电池所能承受的工作电流的大小，一个电池的比功率大，表示它可以承受大电流放电。

动力蓄电池充电容量状态（State of Charge，SOC）：指电池使用一段时间或长期搁置不用后的剩余容量与其完全充电状态的容量的比值，常用百分数表示，其取值范围为0~1，当SOC=0时，表示电池完全放电；当SOC=1时，表示电池完全充满。

容量密度（Capacity Density）：单位质量或单位体积电池所能释放的电量。

能量密度（Energy Density）：又称为比能量，单位质量或单位体积电池所能释放的能量。

功率密度（Power Density）：单位质量或单位体积电池所能释放的功率。

3）描述电池充放电的相关术语及定义

电动势：电池的两个电极的平衡电势之差。

额定电压：指某电池开路电压的最低值，或者说是在规定条件下电池工作的标准电压。

充电电压：指二次电池在充电时，外部电源加在电池两端的电压。

放电电流：通常用放电率表示，放电率是指放电时的速率，通常有"时率"和"倍率"两种表示方法。

时率：是指以放电时间表示的放电速率，即以一定的放电电流放完额定容量所需的时间。

倍率：是指电池在规定时间内放出额定容量所需的电流值，数值上等于额定容量的倍数。

电化学容量：通常指单位质量的活性物质充电或放电到最大程度时的电量，一般用 mA·h/g表示。

不可逆容量损失：在充放电过程中，电极的充放电效率低于100%，即放电的电化学容量低于充电，损失的部分被称为不可逆容量损失，通常由电极表面发生的不可逆副反应引起。

循环性：电极材料在反复充放电过程中保持电化学容量的能力。

3. 充电系统

充电（Charge）：利用外部电源使电池的电压和容量上升的过程，此时电能转化为化学能。

充电特性（Charge Characteristic）：电池充电时所表现出来的特性，例如充电曲线、充电容量、充电率、充电深度、充电时间等。

充电曲线（Charge Curve）：电池充电时其电压随时间的变化曲线。

整车充电模式（Vehicle Charge Mode）：将电动汽车直接与充电设备相连接进行充电的方式。

直流充电（DC Charge）：采用直流电源为电动汽车提供电能的方式。

交流充电（AC Charge）：采用交流电源为电动汽车提供电能的方式。

电池更换模式（Battery Swap Mode）：通过更换动力蓄电池为电动汽车提供电能的方式。

侧向换电（Side-Swapping of Battery Pack）：电池箱安装在车体两侧时的电池箱更换方式。

底部换电（Bottom-Swapping of Battery Pack）：电池箱安装在车体底部时的电池箱更换方式。

端部换电（Rear-Swapping of Battery Pack）：电池箱安装在车体前后舱时的电池箱更换方式。

充电设备（Charging Equipment）：与电动汽车或动力蓄电池相连接，并为其提供电能的设备，一般包括非车载充电机、车载充电机、交流充电桩等。

非车载充电机（Off-Board Charger）：安装在电动汽车车体外，将交流电能转换为直流电能，采用传导方式为电动汽车动力蓄电池充电的专用装置。

车载充电机（On-Board Charger）：固定安装在电动汽车上运行，将交流电能转换为直流电能，采用传导方式为电动汽车动力蓄电池充电的专用装置。

交流充电桩（AC Charging Spot）：采用传导方式为具有车载充电装置的电动汽车提供交流电源的专用供电装置。

充电连接装置（Connection Set for Charging）：电动汽车充电时，连接电动汽车和电动汽车供电设备的组件，除电缆外，还可能包括供电连接手柄等。

反侵权盗版声明

电子工业出版社依法对本作品享有专有出版权。任何未经权利人书面许可，复制、销售或通过信息网络传播本作品的行为；歪曲、篡改、剽窃本作品的行为，均违反《中华人民共和国著作权法》，其行为人应承担相应的民事责任和行政责任，构成犯罪的，将被依法追究刑事责任。

为了维护市场秩序，保护权利人的合法权益，我社将依法查处和打击侵权盗版的单位和个人。欢迎社会各界人士积极举报侵权盗版行为，本社将奖励举报有功人员，并保证举报人的信息不被泄露。

举报电话：（010）88254396；（010）88258888

传　　真：（010）88254397

E-mail：　dbqq@phei.com.cn

通信地址：北京市万寿路南口金家村288号华信大厦

　　　　　电子工业出版社总编办公室

邮　　编：100036